AF366518

Y SI LA VIDA LE DA LIMONES, ¿USTED QUÉ HARÍA?

ExLibric

SILVINA A. MASSIA

Y SI LA VIDA LE DA LIMONES, ¿USTED QUÉ HARÍA?

EXLIBRIC

ANTEQUERA 2023

SILVINA A. MASSIA

Y SI LA VIDA LE DA LIMONES, ¿USTED QUÉ HARÍA?

Agradecimientos

A mis padres, que me dieron los mejores valores que se pueden dar a un hijo y una niñez llena de lindos recuerdos.

A mis hijos, que me enseñaron lo que es amar de forma desmedida y el aprendizaje más difícil: el desapego.

A mi marido, que siempre cree en mí y sabe que siempre veré el sol más allá de las tormentas.

A mis amigos y amigas, que me enseñaron la lealtad y el amor más allá del tiempo y las distancias.

A mi familia, que cada uno con su amor y apoyo me formaron en cada rol que aún desempeño.

A todos mis terapeutas, psicólogos y personas que me llevaron de la mano para conocerme y hacer una mejor versión mía cada día.

A mis pacientes, que me enseñaron a ver más allá de ellos: a mí misma.

A todos los que aún creen en mí y me sostienen amorosamente la mano.

A quienes me lastimaron tanto que lograron que hoy sepa qué tan fuerte puedo ser.

A mi fe, que cuando todo parecía terminar, ella me sostenía con más fuerza.

A todos ustedes, que eligieron leer mi libro y me permitieron así dejar mi humilde legado para perdurar más allá de mi existencia.

¿Por qué escribí un libro?

Porque considero que la comunicación es una gran aliada en las relaciones humanas, mientras esté presente, y por considerarla una herramienta valiosa, un instrumento tanto de construcción como de destrucción. Y todo depende de lo que hagamos con la información que queremos comunicar; a mí me gusta construir y compartir herramientas.

Siempre me gustó comunicar y comunicarme, en todas las expresiones posibles. Disfruté leyendo desde muy chica, porque allí viajaba por otros mundos.

La imaginación era clave, me gustaba la narrativa que tenían los libros. Me gustaba y aún me gusta pasar sus páginas, oler sus hojas, poner lindos señaladores y tener libros en mi biblioteca que cada tanto vuelvo a leer o recomiendo a quien considero que le pueda servir como a mí.

En mi adolescencia escribía canciones que transmitían sentimientos además de melodías. De la mano de José Narosky[1] incursioné en los aforismos con el fin de plasmar mi sentir a diferentes emociones en la vida; y en momentos difíciles la inspiración llegó de la mano de plegarias y oraciones llenas de fe, basadas en mis creencias religiosas, como medio para desahogar mis miedos y apoyarme en mi propia fe; inalterable a pesar de tantas situaciones difíciles en mi vida.

---

[1] José Narosky: escribano y escritor argentino, principalmente del género de poesía y aforismos. Ha publicado doce libros y ha vendido 1 700 000 ejemplares con más de 13 000 aforismos.

También disfruté haciendo cuentos cortos de personajes inexistentes que poseían personalidad y características que, bien escondidas en la narrativa, no hacían más que reflejar rasgos propios, pero siempre quedaron en borradores de cuadernos que aún conservo y forman parte de mi variada biblioteca. Tengo todo lo que escribí durante toda esta vida, pero jamás salió a la luz.

Y un día, la tecnología me abrió el camino hacia la creación de una página en redes sociales, donde me sentí libre de escribir sobre lo que quería y comencé a hacerlo con variados temas, con una mirada diferente, esa con la que siempre me identifico —la mitad del vaso lleno—, aun abordando temas dolorosos o complejos.

Desde siempre la gente me ha contado su vida, sin yo preguntar nada; parecía que confiaban en mí al confesarme sus dolores o sus confidencias. Entonces me dediqué a formarme como terapeuta de diferentes técnicas, lo que me ayudó a saber escuchar, ver y percibir lo que el alma del otro grita, aquello que tal vez mi propia alma estaba gritando también.

Me gusta transmitir lo que otros me transmiten a mí, eso que me saca de los estancamientos emocionales, los problemas que no logro resolver. Siempre hay alguien más sabio, más práctico, más desenfadado para resolver conflictos.

La realidad es que me siento cómoda escribiendo; siento que se crea una magia. Soy de la generación que escribía cartas, las mandaba por correo y esperaba las respuestas durante semanas. Hoy, la agilidad de las comunicaciones hace que hayamos perdido la emoción y la magia de la espera, pero los tiempos corren y también cambian, y uno debe adaptarse y recrear la magia con las nuevas herramientas.

Pero gracias a que los tiempos cambian y surgió la accesibilidad masiva a Internet, aparecieron las redes sociales y la comunicación se volvió más explosiva.

Me sugerían crear una página para dar a conocer mi trabajo y las técnicas que aprendí y aplico en las consultas, y también aprovechar el espacio para escribir lo que a lo largo de la vida fui armando como experiencias, basadas en la vida misma; las historias de otras personas —manteniendo su identidad resguardada para preservarlos—, mi trabajo personal, el acompañamiento que hago en momentos difíciles, la observación, mi formación en diferentes áreas, la lectura, el aporte de autores brillantes y este maravilloso mundo del autoconocimiento que arrancó allá por los 90, no solo leyendo, sino comenzando en mí, trabajando en nuevas ideas.

Mi primer contacto con todo este nuevo mundo fue con los libros de Louise. L. Hay[2], quien para mí es un referente único e invaluable, y un aporte en mi crecimiento personal y autosuperación. De allí comenzó una voracidad por querer leerlo todo. Me apasionó la idea de conocerse a uno mismo, sanarse, reinventarse, cocrearse, romper con los mandatos familiares, ser responsable de nuestra propia vida, entender y todo lo que trajo toda esta movida llamada *new age* o *nueva era*.

Y en el medio de toda esta investigación personal a través de las diferentes miradas de todos los autores que hoy son *best sellers,* también comenzaba mi formación en diferentes técnicas. Abrir la cabeza, permitir ideas nuevas, aceptar retos y cambiar los paradigmas.

---

[2] Louise L. Hay: escritora y oradora estadounidense, considerada una de las figuras más representativas del movimiento del Nuevo Pensamiento y una precursora de los libros de autoayuda.

Mis primeros pasos

Aprendí meditación, control mental —así lo llamaban en los 90— y reiki; hice cursos de todo tipo —algunos se describirán a lo largo de los capítulos—, leí diferentes filosofías, asistí a meditaciones budistas, conocí monjes budistas, aunque mi fe es cristiana; conocí lugares sagrados cerca de donde he vivido, chamanes, videntes y gente de muchísima fe, y me formé como terapeuta de diferentes técnicas y, un día, haciendo las prácticas entre amigas y amigas de amigas que me hacían el favor de prestarse para que yo practicara, me dijeron: «¿Cuándo abrís tu consultorio?», y todo lo que había estado aprendiendo y aplicando para mí, terminé compartiéndolo no solo con mi familia y amigos más cercanos, sino también con un montón de personas maravillosas que llegaban a mí buscando lo mismo que yo: estar bien, evolucionar, sanar, crecer y entender, entre otras cosas.

Y entonces volvemos a la parte en la que caminando por este maravilloso sendero del autoconocimiento y hablando mucho en las consultas con la gente, decido empezar a escribir. ¿De qué? ¡De todo!

Y comienza, en las redes sociales, este espacio de encuentro cada semana con algún texto de algún tema que no solo es mío, sino de todos; muchas veces inspirado en el trabajo de consultorio, otras en lo personal; siempre disparado por alguna frase, una idea, una experiencia que lo desencadena y, a partir de ahí, se desarrolla todo el texto. Con la sola idea de sumar, siempre sumar —porque de eso se trata estar vivo—, y compartirlo todo con los demás: alegrías, tristezas, dolores, todo, porque eso es la vida.

Introducción

Este libro surge con la total humildad de no querer imponer a nadie mi forma de ver la vida, tan solo poder mostrar otra mirada de la misma situación, dando luz y herramientas, y poder compartir lo que se trabaja con personas reales, vidas reales y espacios reales, para ayudar a que todos estemos más felices, más en armonía, más realizados. ¿Y por qué? Porque a veces una frase nos saca del pozo en el que caímos, pero oír o leer a alguien real suma más que una frase positiva solamente, porque una frase nos pone alerta, pero una experiencia nos da empatía, nos identifica y nos hace sentir más seguros de seguir. Porque vivimos tiempos fuertes, de una humanidad deshumanizada y desconectada, y la vida del otro nos acerca, nos involucra con nuestra propia vida. Porque necesitamos volver a conocernos, conectarnos y, si es necesario, reinventarnos o desandar caminos que creíamos seguros y certeros.

Porque tenemos la responsabilidad de equilibrarnos en un mundo muy desequilibrado, y volver a lo más básico, que es mirarnos a los ojos y respetarnos primero a nosotros mismos y luego a los demás; amarnos, perdonarnos y hacerlo extensivo al otro, para darles a las nuevas generaciones, aunque ya vienen con otro chip y herramientas, otra mirada de la vida, pero también aprender de ellos, de su sabiduría más básica; no lo sé, todo depende de dónde estemos y de quiénes nos rodeen, pero ante todo no perder de vista que la humanidad necesita más amor, más perdón, más fe, más salud emocional y física, para así volvernos sociedades más sanas, más respetuosas, más libres, más conscientes de lo que estamos haciendo con nuestra vida, nuestros cuerpos, nuestra alimentación, el medioambiente, el mundo, nuestro planeta Tierra y toda la maravillosa creación.

En Internet hay frases maravillosas muy motivadoras. Nos envían millones de mensajes con videos y cartelitos positivos, nos regalan libros, nos recomiendan técnicas de moda, todos opinan y saben qué es lo que debemos hacer en los malos momentos y, así y todo, a veces no alcanzan si nuestra vida es un caos, y hasta me animo a decir que generan lo opuesto, porque si no queremos estar bien o estamos atorados en el sufrimiento innecesario, inevitablemente lo vamos a pasar mal. Porque estamos mal y todo el mundo presiona para que estemos bien, lo cual seguramente nos lleve al aislamiento y a dejar de relacionarnos con las personas que insisten en que debemos estar bien. A veces no es tan fácil, a veces necesitamos una intervención más aguda para sacarnos de ese lugar.

Antes dije *sufrimiento innecesario,* y me gustaría aclarar más este punto. No siempre uno está atravesando un duelo, y duelo no es solo si alguien parte de este plano. La tristeza y poder expresar los sentimientos más internos a dicha situación —ira, desolación, dolor, angustia, etc.— son necesarios para poder atravesar la experiencia de manera natural, pero si esas emociones perduran en el tiempo llevarán a una depresión, a vivir muy mal y a todo lo que conlleva una depresión. Y todos sabemos que la depresión no es un estado equilibrado de nuestras emociones. Debe ser atendida por especialistas en el tema.

A veces nos toca enfrentar una enfermedad, y es muy duro cuando no tenemos la contención, el apoyo de profesionales capacitados, un ambiente humanizado... No sabemos ni qué necesitamos para atravesar semejante prueba. Respecto de este tema, haré un capítulo especial al finalizar.

La idea de este libro es poder encontrar textos que nos identifiquen para diferentes momentos de nuestras vidas, con el respeto que cada tema merece, considerando que solo soy una persona que descubrió que todo lo que pensó que sabía un día, pudo desaparecer y no aplicarse según la circunstancia que nos toque enfrentar, y cuánto de la teoría que tenemos para los demás somos capaces realmente de aplicar en los momentos extremos, pero que si paso a paso vamos conectando con ideas reparadoras, los dolores sanan más rápido, las respuestas vuelven a aparecer, porque ya hicimos un camino de comprensión y apertura anterior.

No hay una verdad absoluta, no hay materias que rindamos en la vida y nos eximan y ya nunca más volvamos a tener que rendirlas. La vida cambia todo el tiempo, nos modifica, nos atraviesa. Año a año cambiamos, no somos los mismos, no pensamos igual; cambiamos nuestro punto de vista de aquello que antes nos resultaba irrefutable, y eso, queridos míos, es madurar.

Y no estamos en el colegio, no egresamos nunca, por suerte aprendemos todo el tiempo. La vida no es sabérselas todas, porque en realidad vamos aprendiendo a medida que la vamos viviendo, y aceptarlo como un proyecto eterno sin agobiarnos es lo mejor que nos puede pasar. Porque aceptamos la vida con alegría, aun cuando nos trae momentos difíciles, sabemos que es parte de nuestra prueba de evolución, pero *prueba de evolución* no significa que la resuelvo y me la saco de encima, como un examen de matemáticas de la escuela; es mucho más que eso, es bailar con la vida sin oponer resistencia, es dejarnos llevar y seguir sus pasos.

Para los que han bailado tango alguna vez, es el rol de la mujer: dejarse llevar. ¡Sí, dejarse llevar! Fácil, ¿no? ¡Ni les cuento lo que le costó conmigo a mi pobre compañero de baile!

Lo importante es poder tener la humildad de pararnos frente a un espejo aceptando que cada situación es nueva y no tenemos por qué saber manejarla, que podemos ser excelentes acompañantes de una persona enferma, tener la claridad y asistir eficientemente a ese amigo o amiga, pero si el enfermo somos nosotros, no sabremos ni por dónde empezar, y eso también es válido y digno de perdonarnos; es ser autentico con nuestros miedos y nuestras incertidumbres, y seguramente alguien tomará la posta y nos acompañará y guiará esta vez a nosotros, y aceptar esa ayuda también es lo correcto para la evolución de nuestra alma en dicho proceso.

La omnipotencia de creer que lo sabemos todo, que a nosotros no nos va a pasar, que ya aprendimos la lección, embestirá a nuestro ego de la manera más despiadada y nos devastará, y es allí donde necesitamos desandar los caminos, pedir ayuda, confiar en el proceso, revisar notas, aceptar el reto, llorar, hacer un gran berrinche, evadirnos y hasta victimizarnos temporalmente, pero después, ponernos en acción y salir de allí, para aprender y entender que lo que sea que nos toca vivir no es una maldición ancestral para arruinarnos la existencia, sino nuestra experiencia de vida y para lo que hemos venido a este mundo.

Y me animo a decir que comprender los procesos de nuestra vida es tal vez lo que nos haga romper con un modelo ancestral, que tal vez somos quienes cortaremos con generaciones de padecimientos o dolores de linajes completos afectados. No lo sabremos en el momento; será cuestión de esperar y ver qué se va develando después.

Espero que en estos breves capítulos que continúan, encuentren respuestas que los ayuden a entenderse y entender a los demás, sabiendo que no hay una única verdad, que no es estática, que no es absoluta. Esta es una mirada, y con este libro, los desafío a encontrar sus propias miradas y respuestas para así sumar más y más opciones que se adapten a tantos millones de almas hermosas como conformamos la infinita humanidad, sin aceptar nada como real, sin permitirse, al menos, ponerlo en duda, contradecirme y hasta no estar de acuerdo. Ese es mi desafío para todos ustedes; ampliar sus capacidades y desarrollarlas al máximo, descubrirse, enamorarse de lo que sus almas son y poder verse primero a ustedes mismos más que al otro, porque solo cambiando nosotros, se modificará nuestro entorno.

Silvina A. Massia

¿El destino en nuestras manos?

El carácter de un hombre es su destino.

Heráclito

Desde que era chica, solía observar a las personas, porque «me interesa y fascina la especie humana» —siempre se rieron cuando decía esta frase—. Aún sigo observando y me sigue apasionando hacerlo por las cosas que sigo aprendiendo y descubriendo de las personas.

Y en mi observación, veía cómo la gente, desde su carácter, creencias o forma de ser, acercaba o alejaba a los otros; algo que a mí también me ha pasado en diferentes momentos de mi vida.

Y esto me presentaba el desafío de no prejuzgar y pensar que, si yo alejaba a la gente, tal vez debía buscar otras maneras de acercarme, ya que no todos se relacionan de la misma manera; que debía observarme y revisar si estaba en la actitud correcta, o si esa actitud del otro me mostraba algo de mí que no veía. Después de todo somos espejos de otros y los otros son espejos nuestros.

Para mí las personas son un libro abierto, llenos de historias, emociones, inteligencia, filosofías, pensamientos, puntos de vista y mil cualidades más, y la clave es lograr empatía[3], porque desde

---

[3] Empatía: intención de comprender los sentimientos y emociones, intentando experimentar de forma objetiva y racional lo que siente otro individuo.

allí, con un simple comentario, podemos modificarle el día a la otra persona, para bien o para mal. Por eso es importante estar atentos y que la intención siempre esté dirigida a mejorarle el día al otro para bien. Eso ya es muchísimo, y a mí, en lo personal, me hace sentir muy feliz.

Desde mi trabajo como terapeuta en las consultas, me desafío a lo que yo llamo «encontrar de cada persona el manual de instrucciones para su correcto funcionamiento», lo que significa decodificar o traducir cómo funcionan su mente, su corazón y su alma ante el camino que se les presenta cotidianamente y con el objetivo de aportar herramientas y conocimiento de sí mismos para mejorar su calidad de vida y poder estar en armonía, porque eso es lo que buscan quienes quieren estar mejor y se ocupan de ellos mismos, buscando espacios de trabajo personal.

Este manual de instrucciones para el correcto funcionamiento aplica a todos —empezando por mí—, y lo aclaro en la primera consulta para que sepan por dónde vamos a empezar a trabajar: en vernos a nosotros mismos.

¿Alguna vez observaron que, cuando estamos hablando con cualquier persona —ya sea con un cajero de un supermercado, la vecina, una amiga o cualquier persona conocida o no—, si prestamos atención a los gestos, posturas, miradas o actitudes, se puede leer entre líneas y mágicamente empieza a abrirse ese manual de instrucciones de esa persona, que nos aporta un mundo enorme y rico para poder comprender al otro y a nosotros mismos como un gran espejo?

Muchas veces no somos conscientes de cómo nuestro carácter —formado por un enmarañado tramado de ideas, creencias, miedos, pensamientos, herencias familiares, conceptos, experiencias y lo que nuestro vecino nos dijo…— va de a poquito armando nuestro destino. Yo no sé si el destino está escrito o lo vamos escribiendo, excede a mi consciencia semejante interrogante, pero sí sé que si elijo estar todo el día enojada, seguramente mi destino sea un ataque al hígado, literal y metafóricamente hablando.

Aún hoy, algunas veces pasa, pareciera posarse sobre mí como una nube negra y todo me sale al revés. ¡Ay! Odio esos días, pero también soy capaz de entender que hasta que no cambio mi consciencia y mi actitud, hasta es posible que me llueva en la misma cabeza. Es como un caos total.

Cuántas veces nos vemos atrapados en el enojo, el capricho o la ira, a veces causado por hechos insignificantes, y es como si cayéramos en un vacío, nada parece detenerse, todo se acomoda para que sea una seguidilla de hechos desafortunados.

Para algunos puede ser un mal día cada tanto, pero para quienes su actitud diaria esté basada en criticar todo y a todos, protestar permanentemente, enojarse por cualquier cosa, desmerecer al otro, agobiar a todo el mundo, fastidiar a todos con comentarios negativos, etc., su destino seguramente sea muy complicado, porque ya su vida lo es. Todos conocemos a alguien así y es muy difícil no caer en ese vacío del que hablaba anteriormente, pero más difícil aún resulta no desesperar a la hora de vincularse con ellos.

En esos casos también se puede leer el manual de instrucciones, y solo si esa persona desea hacer cambios, esa alma puede volver a funcionar en armonía, pero llevará su tiempo de trabajo; un tiempo que es único a cada persona, porque dependerá del camino que elija para transitar esa transformación, si es que acaso eso elige esa alma alguna vez.

Recuerden que no podemos cambiar a los demás, cada uno es responsable de sus elecciones de vida, aunque las elecciones de otros la padezcamos nosotros, porque de alguna manera nos llega a afectar. Siempre podemos pararnos en una vereda neutral, la de no involucrarnos, verlo tal cual es y, amorosamente, dejarlo ser, porque no nos lo hace a nosotros, solo está siendo lo mejor que puede y sabe ser, y crear un vínculo donde no busquemos cambiar al otro para que nos haga la vida más fácil, sino para comprender su sufrimiento y acompañarlo de la mejor manera que nos pueda salir.

Después de todo, también es un interesante desafío a nuestra voluntad, ego, amor incondicional y aprendizaje personal, lidiar con estas personalidades difíciles, contribuyendo a nuestra propia evolución, aun si su elección es ser un fastidio toda su vida sin intención de cambiar. Sabemos que hay gente así y también hay otras personas que un día pueden ver más allá y eligen esforzarse y modificar algunas pautas mentales en beneficio propio, pero solo porque quieren dejar de alejar gente.

Yo no sé qué me depara el destino, pero elijo tener una vida en paz, en amor, en servicio, con pequeños gestos para mejorar mi vida y la de otros, tales como sostener la puerta abierta a quien viene detrás de mí, levantar un papel del piso, aunque no se me haya caído a mí; acariciar a un perrito de la calle, sonreír a todos, ser amable, reclamar con respeto si algo no está bien a mi entender, ayudar a otro, criticar menos, entender más, etc.

Intentemos cada día, desde nuestra actitud, forjarnos un destino más amable para nosotros mismos y quienes nos rodean. Parece increíble cómo nuestro mundo cambia y mejora, ¡hagan la prueba!

Somos responsables de cómo es nuestro día de hoy, el siguiente y todos los demás, pero también debemos permitirnos si algunos de ellos no tenemos toda la energía, las ganas, la paciencia, y sentimos que no es justa alguna situación que nos toca vivir, porque eso nos hace humanos y nos permite conectar con nuestras emociones. De lo contrario, nos evadimos y somos como robots que andan, andan y andan…

Les confieso que yo también pienso y me siento así muchas veces, porque soy humana e imperfecta como todos, pero de lo que me di cuenta y aprendí en mis sesiones de terapia con mi psicóloga Lili es que darnos ese espacio de conexión con lo que nos pasa, de alguna manera, nos pone en una conciencia diferente de nosotros mismos y nuestro cuerpo, para permitirnos, cuando sea el momento, elegir salir de ese lugar, ya que, de lo contrario, nos atascaríamos en nuestra evolución.

Hay que darse el permiso de hacer nuestros berrinches hasta sacarlos, es sano, pero luego intentemos buscar caminos más resolutivos y maduros que estar lamentándonos.

Debemos asumir la responsabilidad de lo que hacemos cada segundo, porque desconectarnos de esa idea nos privará de vivir una vida en total plenitud y abundancia con nosotros mismos, con nuestra alma, con nuestros vínculos amorosos y con todo el universo que nos rodea.

Y un día somos fuertes

La vida no se vuelve más fácil,
tú te vuelves más fuerte.

Si miramos atrás y vemos todo el viaje recorrido, las dificultades sorteadas, lo que ayer parecía ser el fin del mundo y hoy aquí estamos, vivos, rearmados y fortalecidos, me deja reflexionando respecto de cómo medimos las catástrofes y nuestras fortalezas.

¿Cuántas veces no nos creemos capaces de enfrentar aquella situación que nos llega a nuestra vida o algo imprevisto y extremo, pero luego de todo el sendero recorrido, aunque nos haya costado mil lágrimas, podemos salir adelante y vernos al final de ese camino difícil, de pie, dignos, más allá de las caídas?

Sentimos que no vamos a poder, que es demasiado, que jamás hemos sufrido así, que no tenemos el valor para enfrentarlo, que es mejor desaparecer y así no pasamos por ello, que no es justo, que por qué a nosotros y bla, bla, bla… ¡Sí, me sumo al club!

Pero aprendí que la cabeza puede ser mi aliada o mi peor enemiga, que no permitir que los malos pensamientos me dominen y me lleven al miedo o a la duda ya son fuertes conquistas a mi favor, que si siento que no puedo —porque no siempre se tiene que poder, no siempre estamos igual, no somos los mismos que antes y las fuerzas pueden fallar— es cuando pido ayuda a quienes sé que me guiarán de nuevo para no perderme.

A veces tenemos suerte en la vida, las dificultades se nos presentan de a poco y entonces nos permiten ir entrenando la fuerza. A veces parece que las catástrofes están encadenadas y que van a explotarnos todas juntas en la cara.

Veo a las dificultades que se nos presentan en la vida como la rutina de ir al gimnasio. La primera clase es suave, el peso es poco y aun así al otro día bajar una escalera hace que uno parezca un robot. ¡Siempre me río de revivir la imagen! A todos nos ha pasado de reconocer músculos impensados que teníamos o tomar registro de cuántos músculos se ponían en movimiento con solo estornudar o reírnos al otro día de ir al gimnasio.

Cuando enfrentamos nuestra primera dificultad, al otro día quedamos rotos, y según la seguidilla de acontecimientos que prosigan nos dará tiempo para recuperarnos.

Algunas personas tienen la suerte de tener una vida más apacible y con situaciones difíciles cada tanto, pero a los que nos tocó ser bomberos de incendios forestales —porque la vida parece no darnos tregua nunca—, el entrenamiento de catástrofes nos va dando otra medición del terreno y va aportando más seguridad, claridad y lo que yo llamo *evaluación de los diferentes frentes y su real estado de emergencia*. Concretamente, nos va dando más herramientas y ejercitamos los *músculos* que solucionan cuestiones complejas.

Y mientras pasamos por todos estos momentos, uno tiene que seguir con su vida, concentrarse en trabajar, ir al supermercado, cuidar de la familia, lavar la ropa, llevar el auto al mecánico, etc., porque nadie puede detenerlo todo por ocuparse de solucionar alguna dificultad, ¿verdad?

Para mí, un bálsamo siempre es refugiarme en el amor de mis afectos más cercanos, que se pueda dar un viaje de escapadita y renueve las energías o buscar hacer cosas que me gustan, con la sola intención de pasar ese sabor amargo de lo vivido, que se disipa y nos va dando la fortaleza para pararnos más firmes.

Y un día, casi sin darnos cuenta, miramos atrás y hasta nos animamos a decir: «No era tan difícil como pensábamos que sería salir de esta situación», ¿verdad?

Es posible que así sea, pero lo que creo que también pasó es el efecto *cuerpo y mente entrenado.* El cuerpo ya no duele tanto, los músculos y la mente se van ajustando a la par para resistir más peso, más presión, mejores técnicas, economizar energía eligiendo a qué le damos protagonismo, y entonces ganamos fuerza. ¡Nos volvimos más fuertes! Y ese también es un mérito, uno muy importante.

Por eso, mis queridos lectores, si han llegado o elegido este capítulo es porque son conquistadores, porque entienden que la vida es un lindo entrenamiento personalizado de diferentes situaciones donde se nos va llevando a lugares impensados de nuestro ser, donde cada situación dejará lo mejor de nosotros al descubierto, aun cuando no lo logremos. Ahí, además, nos dejará en carne viva para sanarnos, para crecer, para entender, para desarrollar nuestras virtudes, para reconocer nuestros defectos amorosa y pacientemente; porque nadie debería juzgar nuestros procesos y tiempos mientras avancemos, aunque sea lento, y también si decidimos no evolucionar, porque solo nosotros podemos vivir nuestra propia vida como mejor nos sale.

Me veo mirando atrás, con un camino recorrido lleno de dificultades y situaciones difíciles, muchas ya superadas, pero que, como muchos de ustedes, también he minimizado, por humildad, falsa humildad, o por omnipotencia, pero hay un punto aquí que no es para dejar de tener en cuenta: no es gratis, cada herida hiere, deja marcas, y aunque no las miremos, allí están. Un clavo en la madera, si lo saco deja su marca, la madera ya no es virgen, ya se ha modificado, puedo emparcharla, pero la madera ya sintió el golpe; eso mismo le pasa a nuestra alma.

Y aunque crean haberlas superado porque pueden contar sus propias historias sin llorar, no significa que algo en nosotros no se haya modificado.

Abracen esas heridas, háganlas sangrar de nuevo las veces que sea necesario, liberen la presión del silencio y la resignación al dolor, ábranse como un libro ante quien pueda ayudarlos de alma a alma, porque solo así se trasciende. No será fácil, pero valdrá la pena, se lo aseguro.

Que nuestra fortaleza, mucha o poca, siempre sea reconocida por nosotros en cada paso, en cada etapa y en cada proceso que esté escrito en nuestro pequeño manual de instrucciones. Les deseo un maravilloso viaje a su interior, hasta el alma misma.

¿Por qué perdonar y perdonarnos es tan importante?

El perdón es un regalo silencioso que dejas en el umbral de la puerta de aquellos que te han hecho daño.

Robert Enright

Suelo escuchar muchas veces que la gente prefiere no perdonar a quienes los hieren, y creo que solo se lastiman a sí mismos, acumulando ira y resentimiento, poniendo afuera responsabilidades compartidas, orgullos o expectativas en el otro.

Y yo no digo que perdonar sea olvidar, jamás diría eso, porque si nos olvidamos, podemos caer en un espejismo de lo que el otro es, no verlo realmente con todas sus luces y sombras y volver a confiar ciegamente con el riesgo de volver a sentirnos estafados emocionalmente si vuelven a herirnos, y tal vez dando comienzo a un delicado y doloroso círculo vicioso. No, yo no digo olvidar, digo perdonar, que son dos gestos diferentes.

Yo no me olvido de quienes me lastimaron ni de lo que me hicieron, pero los perdono, porque trato de entender que los llevó a lastimarme de manera consciente o inconsciente, tratando de verlos como realmente son sin idealizarlos, sin proyectar. Lo que sí a veces trato de olvidar, son los recuerdos dolorosos que nada me construyen y solo crean resentimiento.

Re + sentimiento = re_sentir el dolor una y otra vez.

Así es como yo lo voy entendiendo, a partir del aporte de muchos autores y terapias que me ayudan con este tema, pero los libero de estar de acuerdo, es otra vuelta de tuerca solo para ser más libres emocionalmente.

Perdonar es un acto que involucra directamente a mi mente, mi alma y mi corazón. Yo perdono al otro de lo que para mí son faltas graves. Y perdono, porque tomo un rol objetivo, no me victimizo, comprendo al otro —aunque no esté de acuerdo— y lo veo tal cual es, no como yo quiero que sea.

Perdono, porque si no lo hago, me hace daño a mí esos sentimientos negativos que me provocan. Perdono porque me libero de esperar y reclamarle al otro lo que no cumplió, no me dio, me engañó, me estafó…

Olvidar es como resetear el alma, la mente y el corazón de aquello que ocupa un enorme lugar dentro de mí, que me genera lastre para avanzar en mi vida y en mi evolución espiritual. Y entonces, ¿qué olvido y qué perdono?

Yo olvido lo que no necesito recordar más, olvido si me lastimaron quienes sé que no volverían a hacerlo, porque me lastimaron sin querer y, por supuesto, los perdono. Olvido lo que no necesito recordar más, esos recuerdos dolorosos que ya no puedo cambiar, necesito no seguir dándole vueltas, rumiando en mi cabeza como un disco rayado, es mejor olvidarlos sobre todo si no me construyen nada. Para no estar todo el tiempo reviviéndolos, por eso es importante olvidarlos, los suelto como suelto globos al aire, los dejo ir, no son alimento para mi alma, todo lo contrario, se transforman en veneno si los revivo y los recuerdo una y otra vez. Pero no olvidemos la postura o el lugar que asumimos con esa otra persona para quedar en ese lugar de exposición y vulnerabilidad que nos lastimó, el dolor original, ya que tomar registro de ello nos dejará estar en alerta para evitar que vuelva a pasar.

Olvido el hecho en sí mismo, lo que Juancito me hizo, no lo que me llevó a quedar padeciendo ese hecho, y dejo de retorcerme pensando en cómo me lo pudo hacer a mí, para aprender a no confiar en futuras situaciones con dicha persona o aquellos de similares características, preservándome más y escuchando las alertas que la intuición nos da y que pocas veces escuchamos.

El perdón no es un gesto únicamente hacia el otro, el primer perdón que debemos ejercer es hacia nosotros mismos (como me decía mi querida Silvia), y entonces perdonar a los demás resulta más fácil.

Si me perdono por una elección de pareja inadecuada para mí, entonces podré perdonar a ese amor que me hirió cuando me dejó o me lastimó, y así funciona en todos los ámbitos en los que debemos perdonar.

Si me perdono por haber creído mil veces en algún familiar que lo único que hizo fue fallarme sistemáticamente, podré perdonar que fallara cada vez que yo esperé algo de esa persona.

Si logramos perdonar, nos liberamos energéticamente del otro, con lo cual también, mágicamente, el otro deja de vincularse con nosotros o cambia su actitud, y en ambos casos salimos beneficiados siempre.

Con cada persona que me hirió a lo largo de mi vida me tocó primero perdonarme a mí, luego al otro y luego elegir vincularme o no, o que perteneciera a mi vida o ya no, y si elijo que no esté en mi vida, no es desde el resentimiento o evitando relacionarme, es desde un lugar de libertad donde lo dejo libre de ser como quiera, pero me reservo el derecho a elegir que ya no esté dentro de mi vida. Y en esta liberación entran todos los vínculos: padres, hijos, hermanos, amigos, etc.

Sí, es muy duro, pero es muy importante ocuparse de esto. Esta montaña rusa emocional es solo para los valientes, para quienes trabajan moldeando su ego diariamente y para quienes eligen no victimizarse y hacerse responsables de cada elección de su vida, con el único objetivo de evolucionar en un orden universal y divino, aceptando la vida como un camino de grandes aprendizajes, análisis de nuestras creencias, responsabilidad emocional y todo lo que pueda aportarnos riqueza.

La diferencia está en que cuando uno perdona y libera, lo hace desde un lugar que trae paz, y por más que el otro venga con los botines de punta o con una lista de reclamos, si el trabajo está bien hecho, no hay culpas o dudas.

Hay paz porque hicimos lo mejor para las dos partes y, desde ese lugar, si además olvidamos —suponiendo que dadas las circunstancias se podía aplicar el olvido en ese caso—, reseteamos el alma, la mente y el corazón, con lo cual hasta estamos listos para comenzar una relación de cero con quien nos pudo haber herido, teniendo en cuenta que ya sabemos quién es realmente el otro y no tenemos una imagen creada desde nuestra propia proyección personal o deseo de que el otro sea.

Entonces el vínculo surge desde otro lugar, una nueva relación con alguien que ya conocemos, sin sorpresas, y apostando solo hasta donde sabemos que es un éxito, porque ya nos perdonamos antes, perdonamos al otro y lo vemos tal cual es. Y nosotros continuamos nuestra vida sin equipaje molesto por cargar.

El ejercicio del perdón es de los más difíciles que nos toca realizar mientras estamos de paso en esta vida, pero con el resultado más maravilloso que podamos obtener, y el perdón más difícil será a nosotros mismos. Los invito a que realicen una lista desde el corazón, realícenlo a conciencia. Les comparto algunas de las cosas que me perdono a mí misma, y sepan que hay muchas más, pero cada uno sabe cuál es su listita:

Yo, Silvina, me perdono:

- Haber creído que mi verdad era la única y no ser flexible a la verdad de los demás, cuando luego comprobé que nada era absoluto.
- Pensar que todos son como yo, y que me devolverían el enorme amor y solidaridad que yo brindo o creo brindar desde mi perspectiva a cada persona que lo espera de mí, cuando era yo la que necesitaba de ellos.
- Haber aceptado responsabilidades que no me correspondían, dejando de lado mi propia vida por satisfacer o beneficiar a los demás, a costa de mi propia vida y mi salud.
- Creer que nadie pueda tener maldad hacia mi persona.
- Haber callado cuando mi verdad podría haber cambiado las cosas.
- Tener miedo, dudas, debilidades e incertidumbres por mi futuro.

Una vez que hayan realizado su lista de las cosas que se perdonan, guárdenla en este capítulo y vuelvan a leerla cada tanto. Seguramente comprobarán que luego de algún tiempo algunas cosas de la lista ya están sanadas, y eso les llenará el alma y sepan que yo me sentiré feliz por ustedes.

Yo, mi mejor compañía

Si cuando estás solo te sientes solo,
no tienes buena compañía.

Jean Paul Sartre

Solía sentirme incomoda si estaba sola y, por ejemplo, me sentaba a tomar un café o entraba a un cine sin compañía. Era como estar desnuda en público, me sentía muy expuesta. En mis encuentros con la gente solía hablar mucho —¡mucho más que ahora!— y odiaba el silencio, hasta me resultaban incómodos si eran por tiempos prolongados.

Con el tiempo comprendí que lo que realmente me pasaba es que me asustaba estar sola y que, en ese momento, para mí la *soledad* significaba falta de amor del otro, que no necesariamente implicaba una pareja.

A veces, por no estar solos, estamos con cualquier persona, cualquier amigo o amiga, cualquier pareja, aceptando lo que sea: falsas amistades o por conveniencias, sin profundidad ni compromiso, parejas desamoradas o que nos maltratan y mil ejemplos que todos conocemos.

Y podemos estar mal acompañados toda la vida, pero para algunos, eso es mejor que estar solos. Porque tenemos la creencia de que la compañía nos representa, que nos da amor y afectos y, en su opuesto, estar solos es como que nadie nos quiere. Y lo más increíble es que no nos damos cuenta de que estamos engañándonos y escondiendo una realidad más dolorosa aún.

No nos vemos, no nos amamos lo suficiente, no valoramos nuestra maravillosa compañía, y si nosotros no la valoramos, ¿cómo se nos ocurre que lo hagan los demás?

Cuando nos descubrimos y vemos la clase de persona en la que nos hemos convertido, entendemos un poco más por qué tenemos los vínculos que tenemos, qué tipo de relaciones forjamos, o lo que sea que nos haya tocado vivir.

También hay una edad para todo: en nuestra juventud nos interesa tener un millón de amigos, mientras que cuando somos adultos nos sobran unos pocos y queremos que sean de ley.

Pero ¿hasta cuándo vamos a vivir engañados, mirando espejos que distorsionan nuestra propia imagen, creyendo todo lo que nos dicen los demás, aceptando lo que quieren darnos sin que tengan en cuenta cuáles son nuestras necesidades reales? En muchos casos, crecemos faltos de parámetros que se acomoden a nosotros mismos y, muchas veces, carecemos de parámetro. Entonces, es ahí donde me gusta empezar a sembrar, abrir las alas, perseguir sueños, pero, ante todo verse.

No podemos ir por la vida sin mirarnos al espejo porque no nos gusta lo que vemos, y no hablo solo de lo físico, hablo de lo que somos internamente, o en lo que nos convertimos a lo largo de tantos años de no ocuparnos de trabajar en nosotros mismos.

¡Es tan maravilloso verse! Es como cuando decidimos ordenar un armario, ¡pasamos por todas las emociones! Primero entramos en pánico cuando toda la ropa está sobre la cama y jamás podremos entender si era un guardarropa de goma y cómo podía tener tantas cosas allí guardadas. En el proceso de selección pasamos además por diferentes emociones.

Nos reencontramos con algo muy amado, un recuerdo, algo que no podemos tirar, aunque ya no nos entre ni esté a la moda, pero es muy querido para nosotros y seguramente tenga que ver con algún recuerdo de tiempos más jóvenes o más felices.

Encontramos cosas que ya no nos interesan o no nos sirven. Si somos solidarios, armaremos una bolsa para donar todo aquello que ya no necesitamos, haciendo más espacio y dando lugar a que vengan cosas nuevas.

Acomodamos las prendas o artículos que más usamos delante para acceder más rápido y fácilmente, protegemos aquello que pueda arruinarse y, una vez que terminamos y vemos todo organizado, ordenado o visualmente equilibrado, la tarea nos enorgullece.

Eso mismo pasa cuando nos ocupamos de trabajar en nosotros. El proceso es tan interesante como entretenido, y el resultado, que jamás es definitivo porque estamos cambiando siempre, es nuestra misma obra, somos nosotros mismos.

Es allí donde nos damos cuenta de que no estamos solos, que el primer matrimonio lo logramos con nosotros mismos, aunque estemos felizmente en pareja, que podemos sentarnos a tomar un café sin necesidad de hundir la cabeza en un libro para que nadie se dé cuenta de que estamos solos, sino que podemos mirar y observar en calma todo nuestro alrededor, llenos de orgullo, porque estamos en una cita con nosotros mismos.

Que los espacios a solas son los más plenos, porque siempre estamos de acuerdo en el plan, porque elegimos lo que más nos gusta, y claro que es linda la compañía, pero ya no es una necesidad desesperada, es un plus a nuestra vida de solos pero acompañados por nosotros mismos.

Estar bien internamente nos permite una mirada más amplia también del otro. Entender que no todos están en paz y que eso los vuelve fastidiosos y capaces de molestar a los demás y que yo soy responsable tanto de elegir quedarme en ese torbellino de emociones que el otro genera como de salir de su mira porque no necesito su caos en mi vida.

Mi paz me la da mi mente, mis elecciones y mi propia compañía, pero si nos sentimos revolucionados, es importante abrazarnos fuerte, preguntarnos qué nos preocupa o pedir ayuda, y saber que solo nosotros podemos llenar cada vacío, responder cada duda, compartir los mejores momentos y aceptar que, si bien nacimos solos y nos iremos solos, hay momentos, tales como tomar ciertas decisiones, hacernos un estudio médico, entrar a una cirugía, firmar un documento y otras situaciones, en los que será natural que estemos solos, porque de nosotros dependen muchas cosas de manera individual; no hay otra persona que viva nuestra vida y, algunas veces, nadie podrá hacer las cosas por nosotros ni ocupar nuestro lugar. Si no estamos en compañía con nosotros mismos en esos momentos difíciles en los que solo podemos estar con nuestra alma, será extremadamente desgarradora la sensación de soledad.

El camino de la vida es más maravilloso cuando lo vivimos disfrutando de nuestra compañía de manera consciente y constante, porque todas las demás personas que nos rodean pueden ser efímeras, y es verdad que son un valor agregado de gran aporte de amor a nuestra vida, transformarse en un premio o compañeros del mismo viaje, porque pueden tener un camino afín al nuestro o la misma evolución espiritual, y tal vez no hay una única explicación de por qué nos rodean las personas que forman parte de nuestra historia de vida, simplemente, allí están y suman, pero solo si podemos primero sentir nuestra propia compañía.

Creo que lo único verdadero es saber estar con nosotros y volverlo nuestra mejor y primera opción, lo que nos permitirá, por efecto transitivo, hacernos capaces de poder estar con los demás incondicionalmente, sin vacíos interiores, sin soledad ni abandonos, sumando compañía al ya estar acompañado de yo conmigo mismo.

Cometemos errores siempre

*Aprendió tanto de sus errores que cuando tropezaba,
en lugar de caer, volaba.*

Álex Rovira

Esta semana me tocó escuchar historias dolorosas, me tocó acompañar viendo lágrimas que salían desde el alma, el corazón, las entrañas.

No siempre es fácil ser testigo de los procesos de los demás, porque requiere paciencia y respeto, pero más aún porque, mientras los escucho atentamente, mirándolos fijamente a los ojos, siempre tengo la certeza de que van a poder salir adelante cuando sea el momento, a sus tiempos, fortalecidos de semejante dolor, recordando dicha experiencia como algo lejano.

Para ellos, en ese momento, mientras lo reviven en la narración, el mundo se les termina, y claro que así es, yo lo sé muy bien.

Creo que esos errores y sus consecuencias, en un orden normal de evolución, son parte de nuestra misma naturaleza, porque desde ahí vamos entendiendo mucho de nosotros y los demás, como así también cuál es nuestro propósito en la vida.

Propósito = aquello a lo que hemos venido a este mundo.

Y porque a eso vinimos, queridos míos, a evolucionar, y lo aclaro porque muchos nos resistimos al proceso natural de nuestras vidas y a la responsabilidad que tenemos de lo que hacemos con ella, al no tomar conciencia o desaprovechar la oportunidad de aprendizaje que se presenta ante cada decisión tomada y sin previo juicio de si fue una buena o mala elección, ya que eso lo dirá el tiempo transcurrido, y los hechos que acontezcan a continuación pueden ubicarnos en un lugar de queja, de inconformidad, de resignación y de estancamiento.

Y no solo vinimos con un propósito, sino que también vinimos a ser felices y pasarla lo mejor posible, porque también estamos autorizados a ser felices y disfrutar, aunque en el mismo momento estemos sufriendo porque crecemos, lloramos, tenemos pérdidas, duelos, separaciones o lo que sea que nos toque atravesar.

Entonces, ¿por qué nos cuestan tanto los errores? ¿Por qué nos juzgamos tan duramente por equivocarnos? ¿Acaso somos tan excepcionales que todo lo tenemos que hacer bien?

Si amé a quien no debía, aun con todas las señales que no quise ver, ¿debo autocastigarme por siempre o solo entender que en ese momento mi vara era corta y esa persona llegaba a lo más alto que podía en ese momento? Entender que, gracias a esa persona y a esa relación afectiva, hoy salgo enriquecida para una nueva relación, con más conocimientos sobre mí misma, con lo que ya no elijo para mí o a lo que aspiro de ahora en más.

Si creí en quien no debía y me entregué por completo porque fue por convicción y valores propios, pero el otro no entendió nada y me estafó emocionalmente, es él quien tiene un problema más grande que el mío, ya que yo solo me decepcioné y, seguramente, cuando deje de doler y haya entendido sanamente que fue lo que sucedió, resurgiré y volveré a apostar por las relaciones humanas.

Yo solo puedo velar por mí y por mis procesos, que ya es muchísimo, y el otro hará lo mismo o hará lo que pueda. Las historias son únicas como las personas, por ende, podemos vivir una vida a la vez: la propia.

Los errores son necesarios porque son nuestra escuela desde que vinimos a este mundo. Nadie regaña a un bebé que da sus primeros pasos cuando se cae, pero somos muy duros cuando ya somos adultos y nos juzgamos a nosotros mismos.

Todos nos equivocamos, todos cometemos errores, y claro que da bronca y rabia. Sí que lo sé, me pasa todo el tiempo, pero en la manera en que capitalizamos esa experiencia seremos más sabios, más libres, más fuertes, más inteligentes, más nobles y otras tantas cosas más.

Es el ego el que sufre con los errores, el qué dirán, el quedar como tontos, el ser el último en enterarse o darse cuenta de lo que para todos era tan obvio, pero que nadie nos avisó… y no eran malos amigos, tal vez no les dimos la oportunidad de decírnoslo, o nos lo dijeron y nos ofendimos. Seguramente no supieron cómo decírnoslo, quizás teníamos que enterarnos por nosotros mismos. Somos nosotros, que no aceptamos equivocarnos, o entender que tal vez desde el error surgiría la posterior experiencia necesaria para nuestras vidas: quedar expuestos, ser vulnerables, sentirse estafados, parecer poco inteligentes, entregarse, etc.

Todo eso forma parte de nuestra humanidad, es lo que nos permitirá luego agradecer la experiencia del error al acariciar el aprendizaje otorgado y así abrir nuestras alas y ser libres; sí,

¡libres!, porque todo lo que oprime, duele y quita el aire, con el tiempo nos hace esclavos.

Como ya dije anteriormente, vinimos a ser libres, felices y a pasarla bien, aun en los momentos difíciles, y cometiendo errores para crecer, porque la felicidad y la libertad no están afuera, no nos la otorga nada ni nadie, están dentro de cada uno de nosotros, en la elección diaria de nuestros pensamientos, en la capitalización de nuestra experiencia, en la simpleza de aceptar que somos humanos con todo lo que ello implica: ser vulnerable y fuertes, imperfectos y perfectos, inteligentes y más lentos para aprender, limitados e ilimitados, inmaduros y maduros, egocéntricos y eternos dadores hacia los demás.

Los errores nos traen más conocimiento de nosotros mismos en nuestras fortalezas y debilidades. Por eso son tan importantes y necesarios de reconocer, elaborar y aceptar como un nuevo concepto de nosotros mismos y de lo que el universo pensó en darnos como posible oportunidad de crecimiento, si es que así lo aceptamos amorosamente.

No voy a decir que es fácil, pero a mayor resistencia, mayor es la dificultad de avance. Les deseo que no pierdan el temple con cada error y puedan saborear luego el dulce resultado del aprendizaje adquirido, engrandecerse y abrazarse a sí mismos diciéndose: «Lo lograste, ¡te felicito!».

Nada nos hace sentir más orgullosos que el reconocimiento de quienes amamos y nos aman, pero nunca olvidemos que lo más importante es lograr el reconocimiento de nosotros mismos. Intentarlo, pero sin juicios y con mucho amor y paciencia es nuestro primer paso.

Los juicios, ese mal hábito

Juzgar a una persona no define quién es ella,
define quién eres tú.

Qué difícil es vivir sin hacer juicios de los demás, ¿verdad?, y qué feo se siente cuando a quienes juzgan es a nosotros mismos. Si bien está bien tener una opinión, porque después de todo, está dentro de nuestro derecho, el tema es cuando esa opinión del otro nos deja un sabor amargo.

Hace no mucho tiempo, solía mortificarme la opinión equivocada del otro respecto de mi persona, me angustiaba, me desesperaba por dar mil explicaciones, porque de solo pensar que el otro creyera algo que yo no era, me angustiaba, y a pesar de que solo me faltaba colgar un cartel en una calle dando la explicación que creyera oportuna para liberarme de tan injusto juicio a mi persona, me daba cuenta de que si la otra persona quería creer algo equivoco de mí, por más que hiciera lo que hiciera, nada lograría hacerle cambiar de opinión, era su certeza.

Debo reconocer que, con cierta resignación al principio, con el tiempo y el entrenamiento, logré desentenderme de semejante lucha y empecé a soltar todo ese esfuerzo por complacer al otro, por explicar lo que al otro ni le interesaba oír ni comprender, y aceptar que no podemos conformar y agradar a todo el mundo. Es imposible y es un esfuerzo enorme injustificado.

Muchas veces estamos en medio de situaciones donde alguien emite juicios, y está en nosotros no mortificarnos, y sé muy bien que no es fácil, a mí también me cuesta, pero también es real que no se puede conformar a todo el mundo, que mi punto de vista puede no ser el del otro, que la vara de tolerancia o comprensión del otro es única y que por más que hagamos un *show* de mimo intentando explicar hasta con gestos nuestra «inocencia», el juicio del otro ya está cerrado, ¿y saben por qué? Porque tiene que ver tanto conmigo como con el otro y con cualquiera de las siguientes razones: la comprensión, la compasión, la capacidad de ver la vida, de valorizarse o de sentirse desvalorizado, de sacar conclusiones desde el enojo, de ofenderse y de mil comparaciones como estas; es como una guerra interminable y agotadora. Si todos ustedes me lo permiten, ¡yo paso de aquí!

Mi deseo fantástico es que todo el mundo estuviera bien, que viajaran más livianos en la vida, que disfrutaran más, que se enojen menos, que tuvieran más compasión y más respeto, que sean más amplios de criterio… pero no puedo solo con mi anhelo.

En un juicio hay dos abogados mostrando dos caras de una misma verdad. Yo suelo elegir pararme en la que menos sufrimiento traiga para ambas partes, pero, principalmente, para mí.

Yo no quiero cargar con equipaje que no me corresponde, aunque debo reconocer que, instintivamente, levanto todas las mochilas para luego descartar las que no me corresponden. Es todo un ejercicio que, por suerte, cada vez me lleva menos tiempo que hace años; y también implica tener criterio, porque cuando dudo, pregunto opiniones a quienes me conocen o a profesionales que tienen miradas críticas, porque ahí llegamos al punto: juzgar.

Juzgamos sin saber: estando enfadados, ofendidos, siendo egoístas, porque no nos salimos con la nuestra, porque es más fácil ensuciar al otro.

Yo trato de no juzgar a nadie, me concentro en comprender y, sin duda, es más difícil el ejercicio, pero no me deja el sabor amargo del juicio apresurado. Si no conozco al otro no puedo juzgar sus actos, si jamás crucé palabras, si no generé un vínculo, menos lo puedo juzgar, pero somos débiles y desde nuestra soberbia de saberlo todo, emitimos juicios.

Criticar y emitir juicios a mí me quitan mucha energía, y he decidido no recurrir más a ello. Prefiero observar, indagar si acaso me dan acceso, ayudar si me lo permiten, pero si nada de esto ocurre, con no emitir un juicio ya estoy ayudándome muchísimo a mí y a la otra persona.

Agradezco la oportunidad que la vida me da de ponerme a prueba cada día cuando enfrento estas situaciones, y me perdono cuando no lo logro, prometiéndome esforzarme un poco más cada vez.

Les deseo que asuman su responsabilidad de no juzgar ni criticar, como ejercicio diario, y poder esparcir esta energía que es más beneficiosa para todos. Cortar con los eslabones de odio que se generan entre todos, formando cadenas interminables de desamor y, en su lugar, aportar un eslabón de amor cada tanto, para cortar con el circuito. A veces, con solo preguntarle al otro «por qué» nos libera de sacar lo más oscuro de nosotros para depositarlo en el otro como una crítica o un duro juicio.

Recuerden que antes de convertirnos en adultos, fuimos niños, con valores que a lo largo de la vida fuimos perdiendo. En la simpleza de los pensamientos radica gran parte de nuestra felicidad.

Renacer de las cenizas

Y justo cuando la oruga pensó que era su final,
se transformó en mariposa.

¿Cuántas veces pasa que estamos atravesando momentos increíblemente difíciles y somos incapaces de creer que nuestra vida, suerte, destino, o como les guste llamarlo, pueda mejorar? ¿Cuántos momentos de los que creemos que son nuestro límite, una vez que pasan, nos traen toda la luz que nos faltaba? No solo lo veo en mí, sino que lo veo en la gente que me rodea, en mis amigos, en mi familia, en mis consultantes…

Y solo me nace decirme y decirles que estén en calma, que el caos pasa, que el dolor afloja, que la pena se aplaca, que la luz llega, que la paz se instala, pero solo cuando estamos dispuestos a entender la ley de causa y efecto, porque todo lo que hagamos o no hagamos trae una consecuencia.

Humildemente creo que no siempre los efectos son producto de las causas del presente. A veces hacemos cosas en el pasado, lastimando conscientemente o no a alguien, o no midiendo nuestros actos desde un lugar de egoísmo y sabiendo que por beneficiarnos o saciar necesidades propias, afectaremos a otros, lastimándolos, y el efecto llega muchos años después. Y, entonces, «la vida es injusta conmigo», ¿les suena? A mí, lamentablemente, sí.

Pero tampoco la culpa sirve, porque como una vez leí, de todas las emociones, la culpa es algo adquirido, implantado, no es una emoción natural interna, como la ira, la alegría, el enojo, la tristeza… La culpa destruye, carcome el alma, nos frena.

Si no hice bien las cosas antes, lo asumo y hoy elijo hacerlas bien, y si la vida va llegando con las facturas correspondientes, humildemente las pago una a una hasta quedar sin deudas. Al menos así lo veo yo por estos tiempos que transita mi alma.

Me gusta renacer de las cenizas y ver los procesos de quienes aceptan ese desafío, porque desde ese lugar se despliegan las alas y ya no hay más limites, porque además de haber renacido y estar fortalecido, le sumamos el valor, porque ya perdemos el miedo a la opresión…

Las orugas nos muestran nuestro mismo proceso y son el vivo reflejo de cuando creemos que ya es el final por todo lo que padecemos, pero una vez que todo pasó, y si entendimos el mensaje de aprendizaje, nuestras alas se despliegan y llenan de colores para elevarnos a volar y ser libres de todo lo que veníamos sufriendo.

En el fondo de mi corazón, el día de hoy me lleva a verme en mi vida y mirar atrás, comprender que estos más de cincuenta años vividos han tenido y tienen muchos momentos muy duros, pero también muchos momentos felices. Me sentí en medio de varios viacrucis[4], cargando cruces, siendo juzgada injustamente, apedreada, pero también secaron mi rostro cuando lloré, y me han ayudado a cargar mis cruces. Y ese camino puede que siga ese curso por los años de los años, según cual sea mi mirada y

---

[4] Viacrucis (del latín *camino de la cruz*): es una práctica realizada por los católicos el Viernes Santo y el Viernes de Cuaresma, y se refiere a los momentos vividos por Jesús de Nazaret hasta su crucifixión. La expresión se usa comúnmente para explicar todo tipo de dificultades que se presentan en la vida cuando se quiere alcanzar ciertos objetivos.

enfoque de cada situación, o que empiece a sentirlo más liviano al no poner tanta resistencia y enojo a cada situación que la vida me traiga y ponga delante una y otra vez.

En la vida nos toca ser a veces oruga y a veces mariposa, pero lo más importante es no perder la fe jamás, porque como siempre digo, todos tenemos un manual de instrucciones oculto en nuestro interior, y una vez que lo descubrimos, sabemos cómo funcionamos, y la magia surge cuando somos capaces de vernos tal cual somos, aceptarnos y cambiar lo que necesitemos, para luego ser la mejor versión de nosotros mismos, ya sea en el proceso de ser orugas o transformados al fin en libres mariposas.

El sentido del humor y yo

En el fondo, tener sentido del humor
es ser consciente de la relatividad de las cosas.

Antonio de Senillosa

Esta semana pasé un momento incómodo cuando alguien me hizo sentir que yo muchas veces decía bobadas y que, por esa razón, solía ignorar mis comentarios. Me quedé pensando y hasta me sentí triste porque la verdad es que me sorprendió causar ese efecto en alguien.

Creo que todos tenemos una vida con momentos difíciles, historias dolorosas o lo que sea con lo que uno lidia, y algunos tenemos la suerte de recurrir al humor para vivir nuestra vida de manera más amable, haciendo reír a los demás y disfrutando de momentos de alegría, aunque uno diga sandeces para lograr ese resultado; y que otra persona te juzgue así y diga algo tan definitivo, hasta me parece irrespetuoso y soberbio, ¿o no?

Desde chica siempre me gustó ser graciosa. Solía hacer reír hasta hacer descostillar a mis amigos y amigas con mis ocurrencias, y hasta cuando contaba mis dificultades, lograba encontrarle el lado chistoso, y no era por evasión ni inmadurez, sino que le encontraba lo relativo a todo lo que vivía. Sabía que nada era absoluto, y hasta podía permitirme reír porque esa situación no sería permanente. Tal vez habré perdido el toque con los años, pero de ahí a ser desvalorizada… Claro, solo si yo lo asumía como desvalorización. Por suerte, no fue el caso y frené a tiempo, pero me enojé mucho y estuve cerquita de reaccionar no muy diplomáticamente para defender mi honor. Sin embargo, no lo hice, aunque igualmente me sentí confundida.

Comprendí que tal vez quien me lo había dicho debía estar pasando por momentos difíciles, que estaba agobiado, y me hizo reflexionar una vez más en cómo la gente se toma la vida y en cómo a algunos les molesta si yo estoy bien cuando a ellos les toca estar mal. Parece como si rozara en la envidia, ¿no? Entonces, comportándose de un modo amargado e intolerante, creen que son más maduros o que demuestran que sus problemas son más importantes… ¡Guau! Qué interesante punto de vista, ¿no?

Yo no soy ejemplo de nadie ni quiero serlo, pero al menos, trato de que mis experiencias ayuden a quienes quieran que les ayude, y tomo de los demás también lo que me suma a mí. De eso se trata caminar juntos en esta loca vida. Humildemente, yo me considero una persona con humor y así vivo la vida con todos sus matices. Una vez leí una frase que llamo mi atención: «Mi sentido del humor es un mecanismo de defensa que la vida me dio para evitar que me quiera suicidar cada diez minutos».[5]

Claro que no pretendo que todos entiendan mi sentido del humor, pero si yo respeto al que vive amargado, espero que me

---

[5] Nota importante: No tomo a la ligera esta frase. Considero que el suicidio es algo muy serio, y este es un claro ejemplo de una persona que necesita de muchísima ayuda profesional competente para sobrellevar su problemática emocional, pero mi humor también está compuesto de un toque de sarcasmo y espero que ustedes comprendan que desde ese lugar tomo esa frase. No tengo rasgos suicidas ni es una opción en mi vida; comprendo la seriedad del tema. Les pido por favor que no se sientan afectados con este comentario y que no lo saquen del contexto en el que estoy desarrollando el tema de este capítulo, que es el sentido del humor y yo.

respeten si quiero vivir con buen humor cuando puedo hacerlo. A mí también, por momentos, me amargan las cosas, como a todos.

En ocasiones, todo me supera también, pero no me da el derecho a desvalorizar jamás a nadie, y no le rompo la armonía a nadie con comentarios detestables si no estoy teniendo un buen momento. Son elecciones, y somos libres de tomar la que nos parece adecuada en ese momento en particular de nuestras vidas y nuestra evolución.

Esto me llevó a reflexionar que muchas veces no tenemos humor en nuestra vida y no nos damos cuenta de lo importante que es. La vida es una, pero si tenemos humor, puede que sea más llevadera. Al fin y al cabo, no cambiará nuestros problemas, pero nos sentiremos más optimistas, y es verdad que a veces cuesta, pero no perdamos de vista retomar el humor apenas sea posible: juntémonos con ese amigo gracioso, veamos comedias, busquemos un disparador de humor para reconectarnos con esa energía. La risa sana mueve una linda energía. Aprovechémosla y hagámosla circular.

Hay quienes tienen buen humor después de desayunar, otros cuando el día está soleado, otros porque sí, y otros andan gruñéndole a la vida y a todo el que les dice algo. En todos los casos están vivos, pero la calidad de los minutos es muy diferente. A la hora de cenar, yo elijo la música, charlar en familia, mirarnos a los ojos, y si acordamos de vez en cuando ver algún programa en la televisión, ganan siempre las comedias y los videos de Les Luthiers[6]. Nos gusta reírnos en familia.

---

[6] Les Luthiers: grupo argentino humorístico-musical que comenzó en el año 1967 y es muy popular en diversos países de habla hispana. Utiliza la música como elemento fundamental en sus actuaciones, con la incorporación de instrumentos informales, creados a partir de materiales de la vida cotidiana; de allí su nombre.

Yo tengo una vida privilegiada y me siento infinitamente agradecida por ello: tengo familia, amigos, amor, salud, un techo y comida diaria, pero también heridas en el alma que a veces me pesan de más, ausencias y distancias como todos, sueños sin cumplir, incertidumbres, dudas y miedos. Podrá haber días que se me note un poco menos de brillo, pero es muy sutil, solo para sagaces observadores, y no es porque no quiera que se me note, sino porque elijo el humor como remedio para mi propia supervivencia. El humor sana, la risa es contagiosa, y hay dos etapas muy marcadas en la que «nos permiten» hacer cualquier cosa y nos da impunidad al ridículo, a mi entender —esto puede ser diferente de acuerdo a las diferentes culturas, hablo desde mi país de origen: Argentina—.

Esos dos momentos aceptados socialmente son la niñez y la vejez: un niño divertido y gracioso siempre resulta aceptable, y una cabeza llena de canas, un rostro arrugado disfrutando a carcajadas en un viaje y comportándose como niños traviesos o viviendo la vida a pleno, han sido para mí un digno ejemplo a seguir. Ellos sí que saben divertirse, no les importa el tiempo, viven el hoy y lo viven de verdad.

Yo elegí esa impunidad desde el día que nací, y jamás cambiaré mi humor por aparentar algo que no soy. Mis queridos lectores, sepan que yo soy una persona feliz, con el alma rota, con una sonrisa sincera, con la mirada chispeante siempre en mi cara, dispuesta a ofrecer a los demás, con el humilde deseo de entregar alegría desinteresadamente, que puedo reír hasta quedarme sin aire, porque nada de lo que padezco tiene que ser absoluto y eterno, porque para mí la vida son miles de instantes y no el reloj detenido en lo que duele, porque si hago reír a alguien, mi alma ríe el doble y porque el día que ya no esté en este plano, lo único que deseo que recuerden de mí es que siempre le encontré la vuelta a la vida para ser feliz, reír y disfrutar cada momento bueno y malo, porque de todo se aprende y de todo se puede sacar algo bueno.

Felicidad sin culpa
y sin que dependa de nadie

Lo que decidas hacer,
asegúrate de que te haga feliz.

Esta semana me llevó por delante una maravillosa bronquitis que, debo reconocer, la estaba esperando ansiosa. Y digo esto porque cuando ya sabemos cómo respondemos ante algunas situaciones de enojo o emociones varias, pero aún no logramos revertir el cuadro, el cual como verán aún es mi caso, que lleguen las siete plagas de Egipto suele ser, además de revelador, muy entretenido, si sabemos sacarle el provecho a la situación.

Venía postergando sentirme feliz porque había situaciones personales que me generaban tristeza, soledad, enojo —a Dios gracias aún sigo aprendiendo todos los días—, y mientras no «me ocupe», esto se dilató. Era obvio que una vez que me ocupara de los temas dolorosos, descomprimiría y el cuerpo se expresaría; cada uno a su manera, no hay una sola forma, no hay una manera correcta o incorrecta. Lo que a cada uno le sucede —a mí esta vez fue una bronquitis; otras veces, me he contracturado; otras, lloro— es a gusto del consumidor, podríamos decir.

Analizando los hechos en la cama, aburrida, sin ganas de nada, no encendí la tele ni usé la tecnología para evadirme esta vez; todo lo contrario, traté de buscar una válvula de escape a toda esa presión para poder entender por qué había esperado más de un mes para resolver eso que tanto molestaba, que ocupo cada pensamiento nocturno antes de dormirme, ensayando las mil y una soluciones, charlas, gestos, cartas y cien opciones más a una situación que sé positivamente que no la generé yo.

Recomiendo ser cuidadosos a la hora de no asumir responsabilidades para no caer en la fácil, en la de «la culpa la tiene el otro», entendiendo también que a veces el otro hace lo único que está a su alcance.

Y entendí que no siempre está en nuestras manos hacer algo, a veces justamente es no hacer nada y dejar que el tiempo haga, y en la espera, aunque desespera, también vemos que habría pasado si hubiéramos actuado desde lo emocional, porque no se actúa visceralmente siempre. Si bien es nuestro primer impulso, es bueno tomarse un momento y ver las opciones y evaluar resultados posibles. Entonces esperamos y crecemos más fuertes. Hay que dar pasos seguros y certeros, no impulsos emocionales histéricos. Esta es la clave para resultados más convenientes para ambas partes cuando de un conflicto se trata.

A veces es hacer y otras es no hacer nada. No todas las circunstancias son iguales, hay que ser objetivo y analizar: «¿Qué puedo hacer yo para cambiar esta situación?». A veces la respuesta solita llega o solo el tiempo aclarará las cosas. A veces nada de esto ocurre y la solución no llega; hay que batallar con eso también, pero de la manera más digna para nuestro corazón sin enturbiar nuestra alma, por sobre todas las cosas. Para mí es importante no negociar mi felicidad, porque todo ese tiempo me tuvo con un brillo más tenue.

A veces, nuestra felicidad no depende de tener más cosas, sino de estar en orden, mental y emocionalmente, y si no paramos, nos paran, como fue mi caso. ¡No nos damos cuenta!

Me daba culpa tomar ciertas decisiones que tenían que ver con desapegos personales, porque desapegarse a veces también es moverse del lugar de alguien que aparentemente no nos necesita. Ahí se nos va la mitad de la energía, esperando al otro, esperando a que nos necesiten, esperando a que nos vean y dejemos de ser invisibles.

Mi felicidad es mía, nadie me la da y, si bien lo sabemos, somos vulnerables muchas veces. Pero lo importante para mí, ahora, es el tiempo que tardo en darme cuenta y realizar el viraje del barco para evitar chocar con el iceberg, aunque en el roce, me gane una bronquitis (bronquitis = bronca y pulmones = lo que me asfixia).

Por eso agradecí profundamente esta semana estar en cama, donde pude poner en orden mi corazón, mis emociones, darme un espacio de trabajo personal, remover aquellos recuerdos dolorosos y poder ordenarlos en cajas muy bonitas, sin protestar ni enojarme, porque así son mis procesos: más livianos, más naturales, menos dolorosos aun en el dolor.

Y mostrándome vulnerable para quienes me creen superheroína, aceptando amor y abrazos cuando mi alma se partió en mil partes y mi cuerpo se desarmó al sentirme mal.

Mi felicidad está primera en la lista de mis prioridades; es mi fuerza, mi motor, y porque así puedo hacer felices a quienes amo, a mis consultantes y a cualquiera que me cruce, pero solo yo soy la responsable de las elecciones que hago, **«porque lo que sea que decida hacer debo asegurarme de que me haga feliz».**

Las oportunidades en la vida

Lo importante no es si la vida te da otra oportunidad,
lo importante es si la quieres aprovechar.

Hoy era uno de esos días en los que parecía no tener la inspiración de escribir algo, pero cuando encontré esta frase, llegó a mí la imagen de alguien a quien me tocó acompañar en momentos muy difíciles y que, si bien aún sigo cerquita, creo que ya solo será como testigo de su vida y festejando sus logros a medida que vayan llegando.

Muchas veces creemos que la vida no es justa con nosotros porque las cosas no son como nosotros esperamos o como encaprichadamente queremos que sea, pero en realidad, me gusta esa frase que dice que cuando se cierra una puerta, Dios te abre una ventana.

No entendemos que lo que está pasando en realidad es exactamente lo que necesitamos que pase, y no lo que nos quedaría más cómodo que pasase.

No siempre la comodidad nos aporta aprendizaje y crecimiento. No estamos en esta vida de paso para acomodarnos en un sillón y retozar viendo la vida pasar todo el tiempo, estamos para involucrarnos haciendo algo por otros, saliendo de nuestra zona de confort para superarnos a nosotros mismos, y no digo sufrir ni ponernos al final de la lista, sino evitar ponernos en un lugar caprichoso, como los niños cuando quieren «eso» y el adulto les dijo que no.

¿Cuántas veces nos vemos en ese lugar? Pepito me hizo esto y yo fui y le hice esto otro, porque ¿quién se cree este que es que va a poder hacer lo que quiera?

¡Claro que sí! Pepito va a hacer lo que quiera, porque Pepito es Pepito y vos te empeñás en cambiarlo, y además no estás logrando verte a ti mismo. Y dejá tranquilo a Pepito, que ya también le tocará su aprendizaje o su ley de karma si esa creencia te hace sentir más feliz y justiciero.

Porque el problema parecería ser que no nos gusta ser los únicos que sufrimos. ¡Que el otro también sufra! ¡Dios mío! Cuánta energía desperdiciada, ¿verdad?

Y esto rige en todos los órdenes de la vida. Siempre quiero que el otro haga algo por mí o como yo quiero.

He visto familias destruidas y separadas por este pensamiento, he visto llorar, y he llorado también yo, cuando el otro no hizo lo que esperábamos. Cada hecho nos trae una oportunidad, y somos nosotros quienes le damos la importancia para nuestra vida, pero ¿somos capaces de ver la oportunidad en cada hecho que se nos presenta aun cuando no es lo que nosotros queremos en nuestro confort?

***«Del caos solo se sale en calma,
y es allí donde está la oportunidad».***

Si no lo podemos entender de esta manera, la oportunidad pasa y nuestra vida vuelve al caos. No siempre es la falta de oportunidades lo que nos hunde, muchas veces es no saber aprovecharlas, y es allí donde caemos en la frustración, la crítica, la desolación y la infaltable victimización. Lamento siempre recordarles esto, pero es hasta mi misma realidad, muchas veces. Me lo recuerdo a mí también al decírselo a los demás.

Estemos atentos y flexibles, abiertos de mente a las oportunidades que llegan y no tanto de lo que queremos nosotros tercamente, porque muchas veces no vemos toda la historia proyectada, y el «plan» no lo sabemos completamente. Aceptemos los hechos, trabajemos fuera de nuestro confort, involucrémonos con nuestra propia historia y apartémonos del capricho del «como yo quiero». No seamos tan soberbios para pensar que podemos saber más que el mismo universo o Dios o en lo que creamos, pretendiendo saberlo todo cuando ni siquiera sabemos cuál es el verdadero «plan», que ya está diseñado para nosotros y que a través de los hechos comenzarán a mostrarnos nuestras verdaderas oportunidades.

La felicidad es ser, eso es todo

Haz las paces contigo mismo,
disminuye tus expectativas y entiende
que la felicidad no es tener, es ser. Eso es todo.

Siete años en el Tíbet

Anoche vi la película *Siete años en el Tíbet*[7]; desconozco por qué aún no la había visto, y me preguntaba si alguna vez podríamos ser capaces de entenderla realmente. A medida que los años pasen, creo que estamos más lejos de entenderla, salvo que lleguemos a tal extremo que volvernos simples sea nuestra única salida.

Los tibetanos tienen valores que nosotros no tenemos en cuenta y que nos cuesta asimilar. Ellos dicen que admiramos a todo aquel que logra elevarse a la cima de cualquier campo en la vida, y ellos, en cambio, admiran a quien abandona su ego. Nos gusta ser reconocidos y admirados; ellos, en cambio, todo lo opuesto.

Pensaba en el personaje que interpreta Brad Pitt[8]. Una persona llena de ego, que busca cumplir sus metas abandonando a su familia y a un hijo por nacer, y no es que emita juicio al respecto, sino que me interesaron sus procesos. Desde el momento en que

---

[7]   Título original: *Seven Years in Tibet.*
[8]   Brad Pitt: actor, modelo y productor de cine estadounidense.

eligió abandonarlos, nunca dejó de pensar en ellos. Necesitó irse para verlos y, cuando decidió volver —cuando él decidió volver, no cuando todos lo esperaron por años—, ya su lugar había sido ocupado por alguien más. ¿Cuántas veces nos perdemos de vivir tantas cosas por no «ser»? Tenemos expectativas enormes para nuestras vidas, y con solo ser y estar ya somos ricos. ¿Cuál es el recuerdo más feliz de nuestra infancia: jugando solos con ese juguete caro o el momento en el que alguien amado jugaba con nosotros haciendo tan solo un barco de papel con una servilleta?

En la película, el niño dalái lama aceptaba sus grandes responsabilidades, pero valoraba los momentos en compañía, los atesoraba creando vínculos, sumaba valores a su vida, se enriquecía. Si alguien que en su país y su cultura es considerado una divinidad, valora los momentos simples, la compañía, el amor… ¿en qué estamos pensando nosotros cuando anteponemos cualquier otra cosa por sobre nuestras verdaderas riquezas?

¿Estamos tan metidos en nuestro ego, tan enojados con nosotros mismos, el entorno, nuestras posesiones, nuestras carencias, que no podemos viajar más livianos disfrutando de lo más rico de nuestra vida, de poder «ser»?

No sabemos quiénes somos porque somos lo que esperan de nosotros, lo que nos hicieron creer, lo que nuestro ego nos lleva a ser, lo que culturalmente debemos ser, lo que para otros es ser.

Les propongo hacer un juego. Imaginamos que por un día somos actores y nos subimos a un escenario imaginario: pueden usar la sala de su casa o, mejor aún, frente al espejo, y actuamos siendo nosotros mismos, libres de todo juicio, mandato, creencia o ideas preestablecidas. Y en esa libertad absoluta y lejos de cualquier mirada nos encontramos con nosotros mismos diciendo y haciendo aquello que aún no pudimos. Es un recurso que puede resultar incómodo, ridículo y hasta infantil, pero que me ha ayudado muchas veces cuando no pude con algo que me impidió ser feliz.

Practicar frente a un espejo una charla difícil con alguien, independientemente de que se dé o no algún día; gritar lo que ya no queremos en nuestra vida, bailar con la escoba e imaginar un micrófono de pie al estilo Elvis[9], cantar fuerte, llorar, gritar, reírnos sin parar o cualquier recurso que creamos que es propio y lo coartamos. Hay que permitirse ser uno mismo la mayor parte del tiempo posible. Primero será solos en casa, luego nos animaremos a serlo con alguien más y, seguramente, al final, sabremos que realmente valió la pena, porque «la felicidad es ser, no tener», y de eso se trata. Es más simple de lo que creemos, pero para eso hay que mirar adentro, hacer las paces con uno mismo, bajar las expectativas y ser quienes realmente debemos ser.

---

[9] Elvis Presley fue un cantante y actor estadounidense, considerado como uno de los iconos culturales más populares del siglo XX.

Nada es absoluto

Nada es absoluto, todo es relativo.

Albert Einstein

Hace unos días hablábamos de las cosas absolutas, y me vino como ejemplo el símbolo del yin y el yang: en él se representa que ni todo el lado negro es absolutamente negro, ya que tiene un círculo blanco, así como el lado blanco también tiene su círculo negro.

Llevándolo a la vida diaria, se me representaron varias ideas donde se aplica. Se dice que todos tenemos luces y sombras, la gente es buena y mala, la vida puede traer éxitos y fracasos, vivimos momentos extremos dolorosos y momentos de felicidad absoluta, estamos en la cresta de la ola y en el fondo del pozo, pero pensaba que si nos aferrábamos a esas ideas absolutas, inevitablemente íbamos a sufrir cuando estemos en la sombra o no estemos en la superficie, porque no vamos a ver todo el espectro de colores.

Creo que hasta las personas más malas del mundo deben tener algo bueno; después de todo, no conocemos su historia. Quizás ser «malos» fue su única opción conocida; claramente esa persona está movida de su eje, y si uno pudiera apartarse de sufrir sus acciones y dejar de creer que «me lo hace a propósito», entonces podríamos ver que eso es todo lo que en ese momento esa persona puede ser y hacer.

Y si eso que hizo el otro nos afectó, es una excelente razón para revisar qué nos movilizó para que nos afectara, aplicable a todas las discusiones en las que a veces nos vemos envueltos sin querer.

¿Qué miserias propias nos muestra? ¿En qué me identifico? ¿Cuándo he sido de la misma manera? ¿Para qué vivo esa situación? ¿Qué saco en limpio de toda esa situación incómoda que me presenta el otro?

Cuando estamos pasando por momentos difíciles, una enfermedad, un duelo o lo que sea que estemos atravesando, estamos en el lado oscuro del símbolo del yin y el yang, y nos cuesta ver el pequeño círculo blanco, que seguramente sean nuestros afectos que nos acompañan, nuestra fe que nos sostiene o el entorno que tal vez no es tan poco amistoso como lo que estamos viviendo. Valorar nuestra casa, un espacio verde, un río, el mar, el sol, un rincón donde refugiarnos, un aroma, algo rico que nos permitamos saborear y disfrutar.

Y cuando estamos felices, cuando todo se desliza por la cresta de las olas, la inercia nos lleva a surfear la vida, seguros de que lo lograremos, y jamás tenemos en cuenta que la ola se convertirá en espuma, y no es por ser pesimista, es para valorar los momentos a medida que van llegando y no entrar en la soberbia de «a mí no me va a pasar», y que gracias a que la ola se convierte en espuma, la ola siguiente nos volverá a subir con fuerza. ¿Por qué? Porque nada es absoluto y eterno.

Me gusta disfrutar los momentos así como van llegando, simples y aun con sus dificultades, porque me abre un abanico de colores que no los vuelven absolutos. Cuando estoy atravesando un momento difícil, que me lleva a estar triste y hasta con ganas de llorar, es maravilloso todo el cariño que recibo de quienes me aman y hasta de gente que tal vez ni conozco, que se toma un segundo para escribirme algo. Cuando estoy feliz y radiante e ilumino la vida de quienes no están igual que yo en ese momento, es maravilloso ver que ellos permiten que en su oscuridad entre un rayo de luz también.

Si logramos atravesar los momentos desligados de lo absoluto, podremos ver que hay muchos matices que rodean nuestra oscuridad que, vista así, es extensa e indisoluble, y si podemos vivir los momentos de luz y plenitud, comprendiendo que teñidos de cierta oscuridad resaltan más el brillo, entonces no tendremos miedo de saber que en la variedad de colores estará nuestra creatividad resolutiva y nuestra capacidad de valorarlo todo.

Son necesarias las tristezas, los problemas y las dificultades para desarrollar recursos que nos permitan avanzar y crecer. Como dice la frase, lo que no te mata, te hace más fuerte, y debemos entender que sin ello no hay evolución emocional y que gracias a lo no absoluto podemos seguir avanzando.

No es tener miedo cuando todo está bien, pensando: ¿y ahora qué va a pasar?, ni creer que lo que vivimos, que puede ser una pesadilla, jamás va a terminar. Lo absoluto no existe, ya lo decía nuestro querido Albert Einstein en su frase: «Nada es absoluto, todo es relativo».Y también esto se aplica a lo que creemos, a lo que consideramos nuestras verdades, nuestras creencias, nuestras tradiciones, nuestra vida misma. Todo puede modificarse por una idea nueva, un concepto que se sostenga más fuertemente que el anterior que teníamos, una verdad de otro, la experiencia de alguien más. Por eso me cuesta comprender cómo la gente puede entrar en discusiones tan simétricas y frenéticas, que no solo no escuchan al otro, sino que además intentan llevarlo al lugar en el que ellos están parados, a lo «absoluto». Lo vi en las discusiones sobre religión, política, deportes y hasta alimentación.

Solo siendo más flexibles podremos ver que cada lado tiene su color y su opuesto en equilibrio, como el símbolo del yin y el yang, encajando perfectamente armónico, dando el matiz correcto, dando equilibrio a los elementos, proporcionando un poco de cada cosa, en total equilibrio verdadero. No hay una sola verdad, hay muchas verdades que se adaptan a cada individuo, a cada época, a cada momento del mundo, a cada alma en evolución…

Disfruten cada momento sabiendo que nada es absolutamente como creemos o lo vemos, confiando en que todo conlleva un equilibrio ajeno a nuestra propia voluntad y razón, y que solo viendo la película completa y cómo se desarrollan los hechos, podremos entender el símbolo del yin y el yang realmente, sus colores y sus puntos de luz y sombra, y desde allí entender la razón de por qué nos sucedió algún acontecimiento en ese preciso momento.

¿Y si el dolor me atraviesa el alma?

No somos responsables de las emociones,
pero sí de lo que hacemos con las emociones.
Jorge Bucay

¿Y si el dolor me atraviesa el alma? Entonces dejo que por el tiempo que sea que yo necesite, maneje mis emociones, que seguramente sean llorar, enojarme o lo que surja espontáneamente, como llorar todo un día si es necesario, o dos, para que no se quede guardado en mi alma y ahí crezca transformándose en bronca, ira o resentimiento.

Resentimiento: volver a sentir el dolor, la bronca, la ira, una y otra vez, rumiándola, ahogándome.

Y si no es llorar, lo que sea que sienta hacer: correr hasta cansarme, pedalear con fuerza en la bicicleta, golpear unas almohadas, darme una ducha o abrazarme fuerte. Y hablo de contenerme yo, porque no siempre el otro sabe qué hacer. La gente no tolera vernos mal, vernos sufrir y menos aún llorar. Esto aplica a todo momento donde nos toca sufrir, y Pilar Sordo[10] lo

---

[10] Pilar Sordo: psicóloga, columnista, conferencista y escritora chilena.

describe maravillosamente en innumerables videos, y coincido absolutamente con su mirada.

A veces no tenemos quien nos contenga, y suma más tristeza, pero en realidad solo nosotros podemos abastecernos de cada necesidad que tengamos, y el otro solo acompaña.

Ayer no fue un día fácil para mí e hice esto mismo que les recomiendo. Hoy mis ojos se ven hinchados de llorar, pero mi alma está más liviana. Hoy puedo ver el día con otra energía.

No siempre podemos cambiar las cosas; a veces nos tocan cosas fuertes por vivir y duelen hondo, muchas veces también nos ponemos a sufrir innecesariamente, y como no estaba segura ayer de si estaba «correctamente deprimida y angustiada», consulté con mi amiga del alma, Gaby, una terapeuta de las mejores que la vida me dio, que vive en Buenos Aires, a quien le pedí que revisara la fórmula de Flores de Bach, que había pensado que me ayudaría a atravesar estos momentos.

La objetividad de otro siempre ayuda, y estuvo espectacular la charla porque revisé mis emociones; lo malo, tal vez, es que estaba «autorizada» para estar triste porque la razón lo valía, pero lo bueno es que ya no me victimizo: entiendo que duele porque tiene que doler, porque es como martillarse un dedo y no sentir el dolor del golpe o negar sentirlo.

Descubrí que cuando duele lo que realmente causa dolor, estamos sanos emocionalmente, y aún más si nos duele y queremos salir de ahí para no sufrir; estamos siendo maestros de nosotros mismos, estamos fortaleciéndonos desde el dolor y siendo más conscientes de nuestros aprendizajes.

No puedo cambiar mi historia, pero puedo revisar mis emociones y vivir las adecuadas a cada momento, para no perjudicarme. Tampoco puedo estar feliz todo el tiempo porque no es real. La vida está llena de matices emocionales y poder adecuarnos a ello también es nuestra responsabilidad. Poder entender qué nos pasa y darle el lugar a cada emoción es un camino a la salud.

Las Flores de Bach ocupan un lugar importante en mi vida para atravesar cada momento difícil, y es una de las terapias que sugiero a los pacientes que cargan con historias fuertes que necesitan sanar. El diálogo y la objetividad siempre son esclarecedores, pero lo que nunca falta en mis consultas es el abrazo del final, donde sellamos un trato de trabajo conjunto y comprometido.

Porque descubrí que cada consultante trae para trabajar una parte de mi propia historia, y sanando ellos, sano yo también. Eso hace que sea imposible no comprometernos en un trabajo juntos. La empatía que se genera con las charlas y las ganas de salir adelante son motores vitales.

Trato de que las charlas sean amenas, que lloren y se desahoguen, pero que también puedan sonreír y hasta reírse entre lágrimas, porque todo sana, y como siempre les digo: «Todo pasa y esto también pasará», como suele decirme mi querida amiga Vicky.

Justicia o karma, un dilema que no logro resolver

Esto es lo que te tocó vivir; acepta y aprende.

Este fin de semana, reunida con amigos entrañables, surgieron conversaciones de diferentes temas y entre ellos salió la injusticia o grandes cuestiones de la vida que no logramos entender por qué suceden.

Claramente todos coincidimos en que no habría explicación para el sufrimiento de algunas situaciones —omito los detalles para no entrar en ninguna cuestión polémica—, pero me di cuenta de que en lo primero que caemos es en evaluar si tal o cual ser humano es digno de semejante sufrimiento, si es justo que le pase eso o no.

¿Qué es la justicia? ¿Quién determina ese valor? Lo que para mí es justicia puede ser que no lo sea para otro.

La mayoría coincidimos en que sería justo que una persona «buena» tenga una vida sin problemas, saliéndole todo bien, logrando cada uno de sus sueños sin dificultades, siendo amada incondicionalmente y llegando al final de sus días habiendo visto como todo se deslizó sobre rieles, sin trabas; mientras que una persona «mala» debería tener una vida horrible, ser odiada y despreciada, no cumplir ningún sueño, jamás lograr nada y que su vida al final solo se vea miserable.

Debo admitir que algunos años acaricié esta idea de justicia, karma y juicio hacia los demás, pero con el tiempo, pude revertir un pensamiento tan errado y casi infantil como este.

Muchos hablan de *justicia divina* o *karma,* dependiendo de las creencias religiosas que tengan. Para algunos, sería el cielo y el infierno, y un dios con un dedo acusador parado en un gran portal eligiendo quiénes van al cielo y quiénes al infierno. Aclaro que no comulgo con ese dios; no imagino mi fe basada en el miedo, solo en el amor incondicional.

El karma habla de teorías como que «todo vuelve: lo bueno y lo malo», y yo seguí pensando en estas ideas respecto de mi propia historia de vida. Ese día había leído un artículo en el periódico local de una mamá despidiendo la partida de este plano de su hija, luego de una larga enfermedad. Su mamá estaba llena de dolor, como es lógico, pero también repleta de un gran amor y agradecimiento por la lucha de su hija hasta el último día. Entonces me pregunté: «¿Justicia divina, karma, cielo, infierno? ¿Dónde pongo todo esto? ¿Cómo aplica la justicia y el karma?».

Hoy, mientras desayunaba, en el fondo de mi casa con mi familia, les pregunté: «Entonces, ¿la justicia y la ley del karma serían como un termómetro para apaciguar el dolor, la bronca o lo que consideramos injusto?».

¿Si le pasa algo feo o la muerte a alguien malo es karma y está pagando por su vida miserable, y si le pasa algo feo o la muerte a alguien bueno es un ángel que partió al cielo?

Mi marido, que siempre tiene esa mirada crítica y práctica por ser alguien muy racional —yo suelo ser más emocional que racional, pero no dejo de ser muy mental también—, me dice: «¡Claro! La justicia es subjetiva, depende de quién la ve». Y me dio este grandioso ejemplo: «Si alguien encuentra una billetera con mil dólares en la calle, que es justo el valor que necesita para pagar todas sus deudas, se siente afortunado de encontrarla —no ponemos en tela de juicio si corresponde su devolución, solo evaluamos encontrarla—, y si el que perdió la billetera, la tenía para pagar una operación que salvaría su vida, sería muy desafortunado».

En ambos casos estamos hablando de justicia o injusticia, y es algo subjetivo, pero la realidad es que las cosas pasan y no están medidas por una vara tan sutil. «Las cosas pasan y hay que aprender a vivir con ello». Suena duro, pero es tan real como la vida misma.

No hay un Dios tan malévolo que nos suelta la mano en las malas, ni un karma tan terrible que se pague un infierno en vida, ni un cielo que nos abra sus puertas antes del tiempo esperado porque somos seres especiales, demasiado especiales para este mundo… Porque especiales lo somos todos, en su infinita creación.

Y es allí donde me gusta trabajar conmigo y con las personas que a mí llegan, en las fortalezas que desarrollaremos en cada situación de la vida que parecen venir a desestabilizarnos, porque allí radica nuestro aprendizaje. Como una humilde mortal que también soy, a veces me escucho deseándole lo peor a quienes me lastiman, pero también es real que una vez que descargo la bronca y me muevo del lugar de lo justo o injusto, no tengo un sentimiento tan oscuro para desear algo así; es más, si acaso le pasara algo a quien me lastimó, seguramente me sentiría confundida.

Creo que debemos ser más honestos con las creencias y con lo que sentimos, y si algo nos duele mucho, enfrentarlo, llorar hasta deshidratarnos, golpear almohadones para sacar la bronca, gritar hasta quedarnos afónicos, pedir abrazos sanadores de quienes saben darlos, y una vez que el huracán emocional nos deje devastados, comenzar a trabajar sobre todas estas ideas que tenemos de lo justo y lo injusto.

Suelo decirle a mi hijo que sea buena persona porque esa es su esencia, que no cambie si el mundo es hostil, que desarrolle herramientas para seguir siendo bueno, pero que ser bueno no le garantiza que le pasen cosas buenas. Las cosas que nos pasan simplemente nos pasan, y no aferrarnos a ideas de «justo o injusto» nos liberará de mayores sufrimientos.

Creo que todos tenemos una historia no muy feliz o dolorosa en nuestras vidas, pero si somos capaces de contarla sin llorar, no solo habremos superado sufrir por eso, sino que además nos habremos fortalecido y habremos aprendido a sortear dificultades impensadas.

Pero mientras esa historia duela, debemos trabajar en el pensamiento del «por qué a mí» y apartarnos de la idea de lo injusto, que es lo que nos traba para poder seguir avanzando y no estancarnos en el sufrimiento innecesario. Me gusta enfocarme más en preguntarme «¿para qué llega esta situación a mí?» en lugar de «¿por qué me sucede esto a mí?».

La vida puede tornarse complicada, pero si podemos simplificar ideas de cómo vivirla, seguramente colaboremos en poder salir más livianos de las situaciones que nos abruman.

También se aplica a cuestiones de salud, ya que toda enfermedad viene a decirnos algo, y estancarnos en sufrir por lo injusto de la vida, no nos sacará de ese lugar fácilmente.

Llevará un tiempo volver a ponernos de pie cuando nos derrumbamos, pero solo el primer paso nos sacará de ese lugar, la ayuda de los afectos, el apoyo de profesionales que saben cómo acompañar los procesos de nuestras vidas. De todo se sale, tarde o temprano, solo es cuestión de poder ver aquella pequeña luz al final del túnel. ¡Pidan ayuda! No se queden solos, no son invencibles. Aceptar que no podemos a veces también nos hace darles la oportunidad a los que nos aman de poder sostener alguna vez la mano que siempre los sostiene a ellos. Piensen en ello.

Yo elijo bendecir

*La diferencia entre bendecir y maldecir
está en lo que viene de regreso a ti.*

Hace cinco años me diagnosticaron hipertensión arterial, producto de un impacto emocional muy fuerte en mi vida. Nadie en todo mi árbol genealógico tuvo hipertensión, y cuando me vi atravesando una situación muy difícil en la vida, de esas que nadie espera pasar ni le desea a nadie por el dolor profundo que se siente, ahí mi cuerpo se reveló subiendo mi presión y causándome una patología que es muy común y que ya se toma como normal, pero que me implicó cambio de dieta, una medicación diaria y tener la etiqueta de *hipertensa*.

Recuerdo que mi gran tristeza no me dejó salir adelante por algunos años, y aun así nunca dejé de intentar superar emocionalmente lo que no podía cambiar de aquella situación que era irreversible. Como tengo la suerte de elegir trabajar en mi autosanación, comencé a ser paciente de todo lo que yo hago por los demás, de la mano de diferentes terapeutas —es muy común trabajar en terapias alternativas y de sanación y que como terapeutas no nos demos el espacio de pacientes—, y así comencé a trabajar con visualizaciones, reflexología y Flores de Bach, sin dejar de tomar mi medicación diaria, prescripta por mi cardióloga.

La idea era poder manejar las emociones que habían causado una hipertensión arterial, en mi caso en particular por haberse determinado que no era hereditaria, y solo un cardiólogo será la persona adecuada de evaluar cada caso, como lo hizo conmigo.

Aclaración: *No estoy de acuerdo en tratar ninguna afección física o mental solo con terapias alternativas o técnicas holísticas. La supervisión y tratamiento son exclusivos y necesarios por parte de los especialistas médicos cualificados, a los que se les puede sumar o no otras técnicas holísticas.*

Hace un año, por esta época, amanecí con presión baja, y así estuve varios días. Mi cardióloga me hizo los chequeos y resolvió reducir a la mitad la dosis de la medicación.

Este año vuelve a suceder lo mismo: empiezo a estar con la presión baja, pero la dosis de mi medicación es la mínima. Vuelvo a ir a mi cardióloga y acordamos que ya no tome más medicación para la presión.

Estando en mi consulta, le planteo el siguiente razonamiento: «A ver si entiendo: si yo tuve hipertensión, causada por una situación difícil y estresante que tuve que vivir, de la cual mi lectura era clara, "estuve bajo presión y no la soporté en su momento", y con los años trabajé para procesar esa dificultad y aceptarla, y equilibré mis emociones, logrando bajar el estrés y la presión que ello me causaba, ¿podríamos decir que me curé?».

A lo que mi doctora respondió: «De momento ya no eres hipertensa, y eso es muy bueno, pero igualmente seguiremos con los controles».

Somos tan capaces de enfermarnos como de curarnos, y podemos sumarle fe y milagros, pero está claro que primero se enferma el alma y la mente y el cuerpo solo responde como puede. Con esto no digo que hacemos mal las cosas, o que si me enfermo me voy a curar siempre. Cada caso es único; esta es mi historia en una etapa de mi vida, no sé si será la única vez que atraviese por algo así, o si volveré a enfermarme y a curarme. Nadie puede dar testimonio de semejante certeza a futuro.

Pero a pesar de mi sorpresa, me siento muy agradecida y merecedora de este resultado, ya que he trabajado diariamente con mis emociones y lo sigo haciendo, cada hora que estoy despierta, porque la cabeza no da tregua para meternos en problemas, y antes de dormir me lleno de visualizaciones positivas para soñar bonito, rezo y le entrego a Dios mis dolores y tristezas y, al despertarme, agradezco la oportunidad de un nuevo día para trabajar en mí y ayudar a quienes me rodean.

Saqué la rabia de mi alma, yo no sé odiar; solté lo que no puedo sostener más, perdono diariamente a quienes me lastiman, bendigo cada prueba que la vida me pone adelante viéndolas como oportunidades en vez de dificultades.

No soy perfecta ni busco serlo; jamás lo sería. Me equivoco y caigo igual que todos, pero la diferencia radica en que tengo un destino al que quiero llegar de la mejor manera. No sé si lo lograré, pero trato de estar atenta lo más que puedo para mejorar mi calidad de vida y mi calidad de pensamientos. Busco ser feliz a pesar de mis dificultades y dolores, y confío en el proceso de la vida aun cuando no es lo que espero, ya que sé que cada cosa que me pasa es una oportunidad para aprender y aprender más de mí.

¡Se puede! Solo hay que tomar la decisión de aceptar nuestro camino, aunque a veces quisiéramos escondernos en una cueva.

La vida siempre da oportunidades de bendecirlo todo; es cuestión de acostumbrarse a ese nuevo ejercicio: bendecir.

Yo bendigo el momento en que elegiste leer este capítulo, porque algo ya está cambiando dentro de tu ser. ¡Felicitaciones y te doy la bienvenida!

La crítica, una mochila pesada de llevar

Nuestra crítica consiste en reprochar a los demás el no tener las cualidades que nosotros creemos tener.

Jules Renard

Muchas veces escucho a los demás decir muchas cosas de todos los que los rodean. Se hunden en criticar todo lo que el otro hace, y después se quejan cuando se sienten criticados.

También a veces me veo en este lugar, porque no estoy afuera de cada proceso que afecta a todas las personas, pero prefiero escuchar qué es lo que digo y tomar un tiempo a solas, escuchándome, y preguntarme por qué estoy haciendo esto de vuelta.

Es allí cuando reviso mis notas mentales para saber qué está pasando conmigo y por qué lo que hacen los demás me afecta y caigo en la crítica. Como primera medida, está claro que cuando vemos tanto para afuera nos estamos desconectando internamente y allí comienza todo el lío.

Nosotros somos nuestro templo, en nosotros está todo lo que necesitamos para estar en paz y ser felices. Salir de nosotros para opinar o criticar a los demás es atravesar caminos que no siempre nos llevarán a buen puerto y, seguramente, nos perderemos de nosotros mismos.

Pretendemos que los demás sean como nosotros queremos que sean, o como creemos que somos nosotros, pero ¿cuánto de esto es real? Criticamos a alguien por cómo se viste, se mueve, se expresa, se comporta, por lo que nos dijo, por lo que piensa… ¿Por qué no frenamos en este punto y entendemos que el otro es como más le gusta ser o como le sale y que puede no gustarnos, pero que no somos quiénes tampoco, para decirle cómo debe ser?

Esperar que alguien sea como nosotros queremos que sea es hasta ridículo si lo pensamos objetivamente, pero, aun así, si tanto nos molesta, entonces dejemos de relacionarnos con esa persona y así vivir todos en paz.

¿Y qué pasa si ese alguien es muy cercano? Allí comienza el desafío más interesante… ¿Qué tanto podemos manejar nuestra crítica al otro y nuestra necesidad de cambiarlo? ¿Por qué deseamos cambiar a esa persona? ¿Y si tan solo trabajamos en lo que el otro es y que ello no nos condicione tanto? ¿No sería más justo, ya que el otro es como es o como puede ser, y quienes queremos cambiarlo somos nosotros? Entonces, despreocupémonos de cambiarlo y dejemos que sea como es y respetemos esa elección. Ese es un pensamiento constructivo. La crítica no lo es.

¿Y qué pasaría si toda esa crítica que nosotros enviamos al otro fuera del otro hacia nosotros? Sería incómodo, doloroso, injusto, insoportable de llevar, y generaría ira, desdicha y falta de seguridad en nosotros mismos, y pensaríamos: «¡Todo lo hago mal!».

Seamos más amorosos a la hora de relacionarnos; la crítica no es una manera de relacionarse. Veamos al otro como es, con sus limitaciones, con sus sombras, con sus elecciones, con sus fortalezas, con sus luces, y dejémoslo ser.

Soltemos esa necesidad de querer cambiar a todo el mundo todo el tiempo; pongámonos en esos zapatos y sintamos lo incómodo que es avanzar con todo ese lastre. Y, si acaso somos nosotros quienes estamos en el lugar del criticado, no permitamos que todo ese mensaje dinamite nuestra confianza, nuestras elecciones y nuestras seguridades. No tomemos esa información como verídica y absoluta, y entendamos que es la mirada de otro y tal vez no la nuestra, no desperdiciemos energía contestando y queriendo tener la razón. A veces es mejor tener paz que tener la razón. Estemos atentos al ego de querer ganar la batalla y dominar también ese impulso. El que critica, lo hará siempre que lo elija en su vida y lo hará con todo lo que hagamos. Jamás lograremos conformarlo; no insistamos, porque está en nosotros no quedar enredados en semejante tela de araña.

Me he pasado años tratando de «calificar» ante quien me criticaba y siempre se las ingeniaba para verme imperfecta. Hoy ya no. Escucho la crítica, veo de quién viene, y si me sirve, la tomo como constructiva —yo elijo transformarla en constructiva—, y si no me sirve, la dejo pasar, pero ya no me enojo, no pierdo más energía en eso.

Cuando tomamos el hábito de criticar, hay que revisar las notas internas y permitir que el otro, sencillamente, sea quien quiera ser y pensar, y ver si lo que estamos criticando, no nos está faltando a nosotros también, si a quien criticamos tiene algo en común con nosotros.

Hay que vivir la vida más livianos. Criticar es cargar mochilas, y si tenemos tanta habilidad para ver el error del otro, usémosla creativamente, transformándola en una herramienta al servicio de otro: estudiemos corrección de textos, *testing* en el área de informática o cualquier carrera que exija encontrar errores, pero a la gente, queridos míos, dejémosla ser y que evolucione a su tiempo.

Siempre podemos evitar la crítica, porque nos consume mucha energía y salud. ¡Prueben varios días sin criticar y van a ver lo felices que pueden ser!

Los desafío a intentarlo por una semana y, si lo cumplen, escriban su experiencia en un papel y déjenlo dentro de este capítulo. Van a ver lo interesante que puede ser ahora la vida sin criticar y sin padecer si les critican. Y me tomo el atrevimiento de citar una frase que siempre me dice mi hermana: «Úntate de vaselina todo el cuerpo y que todo te resbale».

La vida la tenemos que hacer liviana nosotros, porque no siempre tendremos la suerte de que las circunstancias nos resulten fáciles; y perder energía, salud y tiempo en este tipo de cosas nos restarán fuerzas para enfrentar nuestro verdadero camino.

Todos tenemos a alguien que no tenemos

*No me solté, solo me di cuenta
de que nada me sujetaba.*

Los saludos del Día de la Madre y otras fechas de este tipo son una tradición en todas las partes del mundo y, para muchos, son días que cuestan y hasta causan dolor.

Hijos sin madres, madres sin hijos, madres ignoradas por sus hijos, hijos que ignoran a sus madres, pero también están los hijos y las madres que no logran ese vínculo soñado, el que todo poema describe, y así múltiples combinaciones.

Pero ¿qué pasa en nuestro corazón? ¿En los casos anteriores estaríamos justificados de sufrir este día entonces? Sí, solo si así lo sentimos, y atentos a no sufrir por demás. Y también está bien no quedar enganchados a la fecha y poder continuar nuestra vida de la mejor manera posible para nosotros.

Los vínculos son una condición humana, pero también nos remiten al sentimiento de apego que, si bien todos parecemos saber del tema, pocos en realidad podemos lidiar con ello. El apego se basa en el temor y la inseguridad.

El libro *Las siete leyes espirituales del éxito,* de Deepak Chopra[11], habla de la ley del desapego respecto del éxito. Él dice que, para obtener cualquier cosa en el universo físico, debemos renunciar a nuestro apego a ella, que significa renunciar al resultado. Pero ¿cómo aplico yo esta ley a un sentimiento?

Mi humilde opinión y aplicación de esta ley, después de haber visto la película y haber leído el libro, es poder soltar ese sentimiento de apego, por ausencia, indiferencia o cual sea la interferencia de vivir ese afecto de forma fluida y natural, renunciando al resultado.

Si se trata de un vínculo no correspondido, no me quedo pegada al resultado, que sería el no ser correspondido. Si el caso fuese una ausencia física, alguien que ya no está en este plano, me desprendo del resultado, que sería que ya no está, porque eso es mi propio egoísmo, que no lo suelta y lo quiere por siempre a mi lado, algo irreal y fantástico.

Debemos trabajar la idea de la eternidad más allá de este plano y está bien extrañar, pero no es saludable no soltar. Hay miles de opciones que no vemos a la hora de tener que trascender una fecha en particular o un momento complicado de nuestra vida.

Es posible que no la pasemos bien, y está bien enojarse, atravesar como podamos el tiempo que lleve cada duelo, sentirnos tristes al ver los mil mensajes de todos los demás que se expresan felices ese día menos yo, pero debemos saber que hay otros caminos para elegir. Sufrirlo vuelve a ser nuestra elección y esa elección siempre nos lleva al dolor. Está bien sentir dolor

---

[11] Deepak Chopra: escritor y conferencista indio de temática nueva era. Ha escrito varios libros sobre espiritualidad.

con lo que nos duele, pero no debe ser lo que nos determine la vida. Debemos poder seguir con nuestras vidas y poder volver a estar felices y alegres las veces que nos sea posible. Volver siempre al lugar de la alegría, la plenitud, la felicidad más allá del dolor.

Siempre nos tenemos a nosotros mismos y a gente que nos quiere de verdad, y sería sumamente injusto no valorarlo quedándonos solo en el dolor. Siempre tenemos la opción de estar bien y acompañados en fechas que nos cuestan.

Si tengo dos hijos, y uno no me habla y el otro sí, ¿qué justicia aplico y qué valor le pongo a quien sí me llama el Día de la Madre o se esfuerza por veme feliz aun sabiendo que mi alma está partida, si solo me quedo en el dolor del hijo ausente, el que no me llamó? Es allí donde aplico la ley del desapego, renuncio al resultado, pero al resultado negativo, al hijo que no me llamó, tomando lo que sí tengo: un hijo que sí me ama y está presente, y por él disfruto de ese día, su compañía y todo lo que me da. No será perfecto, pero será más justo para todos. Después de todo, es poder ver la mitad del vaso lleno una vez más.

A veces nos aferramos a afectos que no existen realmente y nos quedamos sufriendo por estar «colgados» de ellos. Esto aplica a parejas, amigos y familia. Los sentimientos deben ser recíprocos, porque si eso no pasa, es un sentimiento que corre de un solo lado y no vuelve. Y eso podría ser apego que se basa en el temor y la inseguridad, o egoísmo de alguna de las partes. No es sano dar todo el tiempo, no es equilibrado recibir y no dar nada. Las relaciones deben ser lo más saludables posible, y si solo doy y nunca recibo nada, también puedo elegir poner esa energía en otro lado para también recibir, y entonces puedo volver a aplicar la ley del desapego: renunciar al resultado.

Siempre tenemos la opción de estar bien o mal más allá de nuestra realidad; seguir insistiendo en ir para donde todos van puede ser una idea errada para nosotros o en determinado momento de nuestras vidas.

Busquemos no caer en tradiciones que nos causen dolor, como fechas, aniversarios o recuerdos, y busquemos transformarlos en algo más provechoso para nuestras vidas. No está mal romper reglas, festejar distinto o no festejar, armar las tradiciones a nuestro gusto, lejos del modelo que nos imponen.

No somos una propaganda con una historia bonita siempre. Seamos adultos con lo que nos tocó; no nos victimicemos y suframos innecesariamente y, por sobre todas las cosas, pongamos el acento en el aspecto positivo de cada situación dolorosa que nos toca. Desapeguemos, es decir, renunciemos al resultado para así poder ser más libres y exitosos.

La tristeza y la angustia

No escogemos las situaciones difíciles y dolorosas,
pero sí podemos decidir salir de ellas y hacerlo.

Alguien a quien quise mucho me dijo un día: «¿Escribirías algo sobre sentimientos de tristeza y angustia?». Estuve días pensando para poder enmarcar ideas que sirvan para poder ayudar y ayudarme en esos momentos.

Y, si bien elijo sentirme optimista más allá de mi propia historia, viviendo en el presente, el otro día me sentí triste y angustiada y hasta algunas lágrimas brotaron espontáneamente, y le dije a mi marido: «La tristeza es cuando las cosas no son como nosotros queremos y nos dejamos vencer, nos frustramos».

Y creo que algo de eso hay: la tristeza y la angustia vienen de la mano de aquellas cosas que no podemos cambiar, como la ausencia de algún ser querido, alguna injusticia, un desamor, un proyecto sin realizar, extrañar a alguien, sentirnos solos, una enfermedad, etc.

Pero la vida está llena de esos momentos y estas situaciones. ¿Significa que no podremos sentirnos libres para ser felices jamás? ¿Por qué algunos están felices a pesar de todo eso y brindan una sonrisa a pesar de tener el corazón partido? ¿Acaso nos están mintiendo? ¿Nunca se ponen tristes?

La tristeza y la angustia son los opuestos de la alegría y la felicidad, lo que me hizo pensar entonces en qué nos quita la alegría, y volví a encontrarme con las mismas razones: aquellas cosas que no podemos cambiar y nos frustramos.

Entonces, ¿la fórmula para poder vivir felices sería aprender a sobreponernos a aquellas cosas que no podemos cambiar, temporal o definitivamente?

Y acá vuelve a aparecer la famosa frase del vaso medio lleno o medio vacío: ¿qué parte del vaso vemos? Si la vida te da limones, ¿te amargas o haces limonada?

La alegría no existiría si no existiera la tristeza como emoción opuesta. La tristeza sería la emoción que nos lleva a valorar estar alegres, es como la lluvia y el sol. Si siempre llueve, jamás extrañaremos la lluvia y sus perfumes.

Es necesario que existan ambas: la lluvia y el sol, la tristeza y la alegría, la risa y el llanto. En el equilibrio radica el bienestar. No podemos negar la tristeza, pero tampoco podemos vivir en ella de forma permanente.

Lo primero que yo sugiero es identificar qué nos pone tristes y nos angustia, a conciencia, y luego escribirlo en un papel. A continuación escribiremos al lado si es una situación temporal o permanente —la ausencia de un ser querido sería permanente y un proyecto sin realizar es temporal—, y una vez que armemos nuestra lista, veríamos cuáles nos afectan más y con cuál podríamos empezar a trabajar para poder eliminarla de la lista.

Y siempre, siempre, siempre recomiendo tener proyectos y un propósito y trabajar en ese proyecto que puede llegar a ser nuestro propósito en la vida. ¿A qué vinimos a esta vida? ¿Para qué soy bueno? ¿Qué puedo hacer que me gusta tanto que se me pasa el tiempo sin darme cuenta? No importa la edad; siempre tenemos que tener un proyecto.

Hace unos años, caminando por la costanera de la ciudad en la que vivo, mi marido le preguntó a mi hijo:

—¿Para vos qué es la felicidad?

—La felicidad es estar bien con uno mismo.

Él tenía once años cuando le preguntó; yo sigo siendo su más atenta discípula.

Busquen en sus corazones estar bien con ustedes mismos. Enumeren aquello que los pone tristes, escríbanlo, porque verlo da otra perspectiva; y trabajen encontrando un propósito para sus vidas. Tengan al menos un proyecto posible a corto plazo y suelten todo aquello que no pueden cambiar. Retenerlo es cargar un lastre más pesado del que nuestro cuerpo y nuestro corazón son capaces de sobrellevar.

Estamos de paso; dejemos huellas lindas, recuerdos amables. Nadie puede leer su fecha de vencimiento. Hoy es hoy. Lloremos, hagamos rabietas, seamos felices, pero sigamos adelante; movamos la energía y seamos acción, para nosotros mismos y para aquellos que necesitan reflejarse en nosotros para poder seguir.

A continuación les dejo la lista que los invito a completar en un papel aparte y guardar en este capítulo, y como siempre les digo, volver a leerla en un tiempo. Seguramente se sorprendan de lo que habían escrito y de donde están en el momento presente. ¡A trabajar!

¿Qué nos pone tristes o nos angustia? (enumeren las causas)	Situación temporal o permanente	
1).................................	X	
2).................................		X
3).................................	X	

a) Resalten qué situación les afecta más y escriban debajo las opciones de solución si las hay o si necesitan pedir ayuda a alguien especializado para acompañarlos en el proceso.

b) Elijan las opciones que van a comenzar a trabajar para resolverlas.

c) ¿Qué proyectos desearían realizar? ¿Hay algún proyecto o estudio pendiente?

d) ¿Cuál es su propósito en la vida? ¿A qué vinieron? Si no lo saben, ¿cómo se ocuparían de averiguarlo?

Seguramente este pueda ser el inicio de un maravilloso camino de descubrimiento y desarrollo personal que los llevará a lugares impensados. ¡Les deseo un buen viaje!

Cuidado con lo que le pedimos al universo, porque se nos puede cumplir

No creas todo lo que piensas.

Byron Katie

Me gusta desafiarme y desafiar a mis consultantes y observar sus caras cuando les digo: «¿Qué pasaría si todo lo que piensas o crea tu mente se cumpliera instantáneamente en tu vida? ¿Qué tipo de pensamientos tendrías: catastróficos, positivos, de abundancia, pesimistas?».

Y también voy un poco más allá, advirtiéndoles de que hay que saber pedirle al universo, porque como tiene sentido del humor propio y lo toma todo de forma literal, a la hora de hacerle un pedido hay que ser por demás claros.

Nuestros pensamientos dirigen una energía al universo. Si pensamos que un problema es muy difícil de resolver, así lo será, porque el universo escucha solo una parte —que tenemos un problema difícil de resolver—, pero no entiende que es una idea que nosotros tenemos de nuestra realidad, lo toma de forma literal.

Cuando estamos frente a un problema y logramos no entrar en pánico, un buen ejercicio sería sentarnos frente a frente a observarlo como si le pusiéramos una silla imaginaria a un amigo para verlo a la cara, sin poner ninguna carga, solo observarlo y preguntarnos: «¿Qué me viene a decir esta situación?». De esta forma, ya le quitamos la mitad de su poder negativo. Y si acaso lo tomamos como una prueba, un aprendizaje, una enseñanza de nosotros mismos y nuestros valores, ya quitamos la otra mitad de su poder negativo.

Sería ideal poder pensar en las posibles soluciones, si las hay. Y así, en vez de verlo como una lucha, una vez resuelto, será una conquista. Y el universo escuchará «aprendizaje, enseñanza, prueba y conquista» y no «problema difícil de resolver».

Yo a veces creo que el universo tiene un 0800 directo con nuestra mente y viceversa, y de ahí es la razón de por qué las cosas a veces son más fáciles o más complejas. Si entendemos que la comunicación es instantánea y la descodificación de cada pensamiento eleva una vibración hacia arriba, de la cual luego nos llega la factura que hay que pagar, el importe será la resultante del consumo de energía y los resultados obtenidos.

Por eso nuestra mente debe ser entrenada, para pensar y desear de manera positiva, porque una vez que la palabra *problema* se asumió, parece que ya no podemos borrarla, ya que el mensaje salió con ese título —*problema, pensamiento negativo, fracaso* o lo que sea que pensemos—.

Pensar de manera positiva ante las dificultades sería:

- Ver la vida como una gran escuela de oportunidades, y no una vida llena de problemas y dificultades de las cuales nos quejamos, nos victimizamos, rezongamos y negamos aceptar.
- Que nos lleven a conocer nuestras fortalezas y herramientas, aun cuando no las creemos poseer, ya que es allí

cuando interviene alguien objetivo, que nos ayudará a ver las cosas de las que somos capaces de hacer uso para obtener la mayor cantidad de victorias y conquistas a lo largo de nuestra vida: nuestros aprendizajes y evolución.

Nuestro propósito en la vida es a lo que vinimos realmente a vivir y ser, y gracias a él llegaremos a estar en paz, armonía y alegría con nosotros mismos y con el mundo que nos rodea, y en equilibrio con los deseos de nuestra alma.

Si a partir de hoy podemos, al menos una de las diez o cien veces por día que pensamos equivocadamente, redirigir el pensamiento de manera positiva, nuestra vida seguramente cambiará considerablemente, y yo estaré feliz de haber compartido con ustedes esta enseñanza que llegó a mí hace tiempo e intento aplicar cotidianamente.

Para mí, la soledad no existe

¿Qué es la soledad?
Es un reencuentro con uno mismo,
y no debe ser motivo de tristeza,
es un momento de reflexión.

¿Qué es estar solo? Para algunos es no estar en pareja, no sentirse amados, ser mal amados, no estar con cierta familia, ausencias de seres queridos, amigos… Para otros es un sentimiento que parecería calar hondo en el alma.

Escuché una vez que alguien dijo que la peor soledad era aquella que se sentía aun estando acompañados. Esa soledad se vive como abandono, indiferencia, falta de cariño… No es lo mismo.

Pero la temida soledad en realidad no es más que espacios de libertad y de compartir con uno mismo, de reflexión, autoconocimiento y, en mi caso en particular, aprendí cómo hacer que fuesen los momentos diseñados como más me gustan.

El problema de la soledad es que la confundimos con otros sentimientos y ahí es donde nos hacemos un lío. La soledad, dicen los que saben, no es estar solo; porque si partimos de la base de que nos tenemos a nosotros mismos, ya queda descartada la posibilidad de soledad. Y si a eso le sumamos que es un momento de reencuentro consigo mismo y de reflexión, sabremos que es un espacio donde creceremos y capitalizaremos nuestra propia riqueza del alma y nuestra esencia.

Pero ¿acaso tenemos tanto miedo de estar con nosotros mismos por lo que podamos descubrir? Lo que sea que somos, es una imagen de nosotros mismos que puede ser modificada las veces que necesitemos y deseemos a lo largo de nuestra vida, para hacer de nosotros nuestra mejor versión y no la versión que el otro espera de nosotros.

Ningún dibujo sale al primer trazo; se necesitarán varios bocetos hasta llegar a la obra terminada. Somos bocetos de nosotros mismos a lo largo de nuestra vida, así que podemos permitirnos no estar conformes con lo que vemos o estamos siendo al principio, pero no será problema, siempre y cuando nos ocupemos de reinventarnos.

La soledad es una emoción, no una realidad, y como emoción tiene su propio equilibrio o no. Por eso es importante amigarnos con todas sus sensaciones y aceptar el reto de entender que la soledad no existe y que es un espacio rico de autoconocimiento.

Mis espacios de soledad, donde solo estoy yo conmigo misma, son para disfrutarlos. Me gusta poner cierta música, cocinar cierta comida, bailar sin que nadie me vea, cantar fuerte, reír, llorar o gritar de alegría si así lo siento, hablarme mirándome en el espejo, dándome ánimo si son épocas difíciles, apaciguando a mi corazón como lo haría con un niño angustiado o diciéndome que aún sigo siendo bonita a pesar del paso del tiempo, porque mi alma no envejece jamás; salir a respirar aire puro de una caminata, pedalear rápido en la bici en una calle vacía o comprarme algo que me guste para mimarme, más allá de mi economía; a veces un chocolate es suficiente para hacerme feliz.

Es como una cita, como si yo misma buscara halagarme para conquistarme, porque ese espacio sagrado y único con mi alma me permite dar en la medida que necesito recibir. Es perfecto, es sagrado, es mío; no hay errores, no hay límites, es un lugar conquistado desde mi libertad.

Es ese matrimonio perfecto con uno mismo: no entendemos mal un mensaje, somos honestos, no nos engañamos, no nos ocultamos cosas, sabemos cómo nos gusta que nos traten y lo hacemos, corregimos pensamientos destructivos con palabras amorosas y contenedoras, somos nosotros, la versión más pura, sin miedo a ser lastimado, el otro, soy yo misma, una fórmula perfecta.

A veces estoy enojada o me regaño a mí misma porque no estoy conforme con algo que aún sigo haciendo y no es bueno para mí, porque hago elecciones erradas, porque elijo mal mis prioridades o porque hay algo aún que me cuesta mucho modificar y, aun así, siempre tengo una palabra de ánimo y esperanza para generar el cambio. Soy paciente y amable con mis procesos, y todo eso es gracias a estar conmigo misma, en ese espacio y momento sagrado para mí, tan temido para otros que lo llaman *soledad*.

Toma una hoja de papel y elabora tu propia lista. ¿Podrías describir tus momentos de soledad y qué emoción te provoca?

Me siento solo/a cuando:	Emoción
1)	
2)	
3)	
4)	

Ahora que lo has escrito, ¿lo puedes ver más claro? ¡Ya puedes comenzar a trabajar en ello!

Para mí, la soledad no existe, porque siempre me tengo a mí. Si me siento sola es porque me desconecté de mí misma y puse la energía o la expectativa en alguien más, esperando sus respuestas, que me vea, que le agrade, es estar cautiva de la mirada del otro. Eso no es soledad, es salir de nuestro eje para vivir en el eje del otro. Jamás deberíamos sentirnos solos.

Piensen al respecto, cuestiónense esos pensamientos respecto de lo que para ustedes es la soledad, evalúen esta nueva mirada y trabajen en esta nueva relación de ustedes con ustedes mismos en un perfecto matrimonio, o la construcción de esta nueva relación con ustedes mismos. ¡Les puedo asegurar que se van a enamorar de por vida!

Vencer el miedo nos hace felices y bailar con la vida

El hombre valiente no es el que no siente miedo,
sino aquel que conquista el miedo.

Nelson Mandela

Quiero compartir una historia de sanación que me autorizaron contar, pero preservaré su nombre. Este fin de semana pude comprobar que vencer el miedo nos hace felices.

Hace algo más de un año llego a mí una paciente que me decía que no era feliz. Su vida, para ella, carecía de sentido, amaba a su familia por sobre todas las cosas, pero sentía que nada la llevaba a ser feliz. Estaba atrapada en el dolor del pasado y sus miedos.

Me apoyé en todas las técnicas hasta ahora aprendidas con el objetivo de encontrar la raíz de su limitación para ser feliz. Ella además se apoyaba con psicoterapia.

Una de las cosas que pude ver es que tenía un propósito en su vida que no estaba cumpliendo y era el de ser un referente para los demás, y cuando se lo dije me miró asombrada y me dijo: «¿Qué puedo transmitir yo a los demás si ni siquiera puedo conmigo?». Le dije: «Se puede. Vos vas a contarles a los demás que se puede».

Seguimos trabajando mucho, y ella viajaba los cuatrocientos kilómetros que nos separaban, pero jamás dejó de trabajar en su sanación emocional y de su alma. Comenzó a estar mejor y espaciamos las consultas, hasta que un día me contó que le habían diagnosticado cáncer de mama. Y allí pareció todo dar un vuelco.

Yo jamás dejé de creer en ella; sabía que podría. Estaba lista para lo que venía, pero ella no lo veía aún. Y, comprensiblemente al *shock* de semejante noticia, comenzaron los ataques de pánico, tapando el cuadro más importante: su cáncer. Trabajamos muy fuerte, sin descanso, y enfrentó cada embestida de esta etapa. No siempre fue fácil, pero confió, y eso hizo la diferencia.

Cuando la vida nos pone pruebas tan fuertes, es fundamental tener alrededor a un equipo de profesionales que nosotros avalemos para confiar en ellos y que el proceso vaya por buen camino.

Su primera etapa la resolvió, los miedos ya no la dominaron. Su psiquiatra consideró, en su caso, aportar una medicación para ayudar a sostener el proceso que debía afrontar respecto de la cirugía y su posterior tratamiento, y aunque pueda estar algo ansiosa a veces, está lista y fuerte para emprender esta segunda etapa que viene.

A veces en la vida nos tocan pruebas fuertes, pero si las vivimos como si leyéramos rápido un libro, esperando llegar a la última página, para que todo termine pronto, sin detenernos a ver qué está pasando con nosotros, internamente y a nuestro alrededor, y como un hecho nos atraviesa la vida de lleno, minimizando los daños, nos puede perjudicar en el resultado.

Si los problemas vienen y no son muy complejos, entonces se resuelven y ya está, como leer un libro de pocas hojas, pero a veces, cuando las dificultades que debemos transitar son complejas, son como enciclopedias, numeradas, con un orden, que debemos leer con paciencia. El primer libro tiene que ver con el segundo, y en ese orden hay que ir leyendo.

Cuando nos afectan problemas de salud o familiares, de esos que vemos que no es correr y llegar a la meta solamente, es importante no tener miedo, estar en calma, confiar en el proceso, aunque no siempre sea rápido. No es rápido, sino, a conciencia, y llevará el tiempo que sea, aunque sea toda la vida, porque a eso vinimos.

Este fin de semana, ella festejó su cumpleaños en una hermosa fiesta, no lo suspendió porque tenga que seguir «leyendo otros libros de su enciclopedia de vida», no se dejó dominar por el miedo al futuro. Hoy es feliz y ya se sanó, más allá de todo el proceso que deba enfrentar, los tratamientos y sus futuros análisis de control por el resto de su vida. Nos confundimos al entender nuestros aprendizajes de vida, poniendo la mirada donde tal vez no es.

Ella ya se sanó cuando bailó feliz toda la noche, porque bailó con la vida, porque vio la vida en ella misma, en ese instante, en ese lugar y en todo lo que la rodeaba; porque soltó sus miedos y se vio valiente, porque vio lo que es capaz de hacer si se lo propone. Ella es libre, y así bailó: feliz y libre.

La vida es eso, bailar sin miedo, libre de todo pensamiento atemorizante, seguros de que somos capaces de todo y más, confiar en el proceso y no quedarnos en lo que no hay.

Ella hoy está haciendo lo que le dije que iba a hacer: tenía un propósito en su vida que no estaba cumpliendo, y era el de ser un referente para los demás, y cuando se lo dije me miró asombrada y me dijo: «¿Qué puedo transmitir yo a los demás si ni siquiera puedo conmigo?». Le dije: «Se puede. Vos vas a contarles a los demás que se puede».

En la sanación de cada uno de mis consultantes también voy sanando yo, y les agradezco tener la valentía de atravesar un camino tan incierto como lo es transitar una enfermedad, habiendo confiado en ella y en todos los que con amor les sostuvimos la mano.

Seamos responsables de lo que elegimos

Tú debes ser el cambio que deseas ver en el mundo.

Mahatma Gandhi

¿Cuántas veces nos quedamos encerrados en la idea de lo que vemos en el otro? Llegan a mi consulta siempre hablando de lo que les pasa con los demás: «mi marido es… y entonces yo me siento…», «mis hijos son… y me hacen sentir…», «en mi trabajo mis compañeros piensan y dicen de mí… y me siento…».

Pero en realidad me están hablando de ellos mismos. Los otros representan sus propios miedos, inseguridades, dudas, conceptos de sí mismos; los demás nos vienen a traer información de nosotros mismos. Yo los escucho porque en el relato puedo entender qué le está pasando emocionalmente y en particular a cada uno, pero trato de que puedan ver más allá, porque el desafío no es poner afuera de nosotros aquello que queremos resolver.

No son mi marido, mi hijo, mis compañeros de trabajo o mi exnovio quienes deben cambiar, soy yo quien debe tomar el control de la situación, soy yo quien debe ver quiénes son aquellas personas que tanto afectan a mis emociones y mi estado de ánimo, soy yo quien debo comprender a los demás para entenderme a mí.

Me gusta moverlos del centro para que vean como una película sus propias vidas, que puedan verse más allá de todo, porque, queridos míos, no solo no nos vemos, sino que ni siquiera nos conocemos, y cuando les digo cosas como: «Vos podés manejar esta situación que me estás contando perfectamente porque sos muy inteligente», se quedan sorprendidos mirándome, como si acaso no supieran que son inteligentes.

Ponemos afuera todo, en el otro, porque no queremos la responsabilidad de trabajar en nosotros o de ser parte del cambio. Nos quejamos, esperamos que el otro sea de otra manera, hacemos rabietas porque no es como queremos… ¿y acaso no somos responsables también de eso?

«Mi marido me grita, no puedo decirle nada, es cerrado y testarudo, y yo elijo callarme, pero está claro que el problema es él». Entonces les pregunto: «¿Es solo él? ¿Y tu autoridad interna? ¿Y el respeto mutuo?».

También puede ser una realidad comprender que siempre fue así y seguirá siéndolo, si aceptamos eso como nuestra única realidad posible. Tal vez ya hoy no queramos aceptar seguir de ese modo. ¿Qué podemos hacer desde nuestro lugar para generar el cambio? ¿Solo ofendernos y resignarnos? Lo que hoy somos puede ser para siempre o puede cambiar, pero de nosotros depende el cambio.

Lo que antes estaba bien para mí, puede que hoy no lo sienta así. Los vínculos pueden adaptarse, cambiar o simplemente generar distancias por abrirse los caminos, pero seamos justos a la hora de negociar, quedarnos en ese lugar de confort que puede ser incómodo, pero siempre está de la mano de una negociación, siempre es por algo más. A veces, por estabilidad económica; otras veces, por no poder estar solos; otras, por miedos…

Seamos responsables de lo que elegimos, y seamos responsables del cambio; seamos justos con los demás y con nosotros mismos. Trabajar en nosotros también es trabajar para los demás y generar un cambio en todo nuestro entorno.

La pregunta es: ¿aceptamos el desafío de salir de nuestra posición de confort y queja permanente para trascender de ese lugar y mirarnos el alma y ver qué podemos hacer constructivamente en pos de mí y de las demás relaciones con los demás?

Si estamos dispuestos, habremos dado un salto enorme y nuestra vida y la de los nuestros variará considerablemente, pero si la respuesta es no, también es una elección válida. Ahora bien, nos quedaremos estancados y cada vez más solos y amargados. Les aseguro que, aunque implica hacer un gran trabajo, ¡vale la pena el cambio!

La paz solo la encontré
en las peores guerras

No siempre puedo controlar lo que pasa afuera,
pero siempre puedo controlar lo que pasa en mi interior.

«Vinimos a aprender y evolucionar, nos interesa alcanzar la iluminación espiritual, y no hay aprendizaje ni evolución sin pasar por situaciones difíciles» se dice, pero cuando nos tocan las pruebas, renegamos de ellas, nos preguntamos por qué nos pasa esto a nosotros, nos parece injusto y no estamos preparados en ese momento para semejante prueba. ¡Como si evolucionar solo se tratase de leer muchos libros de autoayuda!

Recuerdo decir irónicamente a mis amigos: «Llévenme a Jamaica y allí seguro que seré feliz y aprenderé todas las lecciones de la vida de manera amigable». ¡Nada más lejos de la realidad!

Aún sigo deseando volver allí, pero para disfrutar de sus hermosas playas caribeñas, porque ser feliz lo soy en mi propia realidad llena de ausencias, carencias, dolores y situaciones que hubiera querido dejar escondidos detrás de cualquier mueble e ignorarlos hace tiempo atrás y, en lo posible, por el resto de mi existir.

En los peores momentos de mi vida solía soñar con levantarme un día en la mañana y darme cuenta de que todo había sido un mal sueño y mi vida estaba otra vez en orden, o como yo creía que sería en orden y en paz. Y lo paradójico de esto es que la paz la encontré en medio de las peores guerras y tormentas.

Quitarle a la mente la capacidad de llevarme a lugares inhóspitos, permitiéndole que me asuste, que me domine, y en cambio enfocarla en estar segura de que todo va a estar bien otra vez en algún momento, no es ser un negador, es entender que lo que hoy parece malo, lo resolveré de algún modo, y eso será mi aprendizaje y evolución.

Como todos, tengo días en los que me siento triste y añoro, y ese día lloro si así lo siento o canto bien fuerte. Sé que ese mal día pasará, pero ni lo niego ni lo sostengo mucho tiempo.

Alguien me dijo una vez: «En los momentos difíciles hay que pasarla lo mejor posible», y esta frase marca mis días, porque después de todo, a eso vinimos, a ser felices, a pasarla bien, y no a tener una vida miserable.

Cuando no se puede ser feliz, es bueno llamarnos a nuestro silencio, contenernos, pedir ayuda, reconocer si no podemos y transitar ese momento. Como mi amiga Vicky, que solía decirme: «Todo pasa, Sil, y esto también pasará». La vida son momentos: algunos, buenos; otros, mejores; y otros, no tanto.

Pero la vida es evolución de nuestra alma y ahí radica el aprendizaje. Aceptemos nuestros problemas y situaciones difíciles sabiendo que son nuestros aprendizajes.

Pero no lo hagamos con enojo, con bronca, con envidia, deseándole al que me lastimó lo peor. Ellos son nuestros maestros, que nos mostrarán cuán fuertes, sabios y decididos somos a la hora de ser felices y evolucionar.

Un día, silenciando mi mente y conectando con mi ser y mi esencia, escribí esto:

Cuando tuve miedo, el miedo dominó mi vida, mis pensamientos, y se llevó mi paz.

Cuando me senté a observar mi vida en la quietud del silencio, en paz y sin hacer nada forzado, dejando fluir y escuchando qué me decía mi intuición, confiando en que todo estaría bien más allá de lo que se presentara, aunque se viera como una dificultad, confiando en el natural proceso de la vida, sin expectativas más que observar el camino que se iba trazando a cada paso, el miedo nunca caminó a mi lado.

Todo es una cuestión de a quién creemos más. Yo creo en el proceso de la vida y en su propósito para mí, sin temores; en eso radica mi fortaleza diaria.

Silvina A. Massia

Nuestras limitaciones no existen

Una persona se convierte usualmente en aquello que ella cree que es. Si yo sigo diciéndome a mí mismo que no puedo hacer algo, es posible que termine siendo incapaz de hacerlo. Por el contrario, si yo tengo la creencia de que sí puedo hacerlo, con seguridad yo adquiriré la capacidad de realizarlo, aunque no la haya tenido al principio.

Mahatma Gandhi

Leyendo los libros de Louise L. Hay podía encontrar este tipo de información:

Muchas de las limitaciones que tenemos son solo ideas equivocadas de nosotros mismos, y puede ser por una o varias de estas razones:

— Porque nos lo hicieron creer de niños.
— Por alguien que influyó en nuestra percepción de quiénes somos, creando una idea errada de nosotros, y así la aceptamos.
— El límite de quienes nos hicieron creer que hablaban de nosotros, cuando en realidad eran los límites del otro.
— Pensar que no somos capaces.
— El miedo.
— La falta de aprobación de los demás o que dejen de amarnos si no somos como ellos esperan que seamos.

Son ideas, y las ideas o creencias pueden ser modificadas, decía mi querida Louise. Es importante reconocerlas para, desde allí, comenzar a trabajar en el proceso de autosanación emocional, la verdadera libertad.

Es verdad que somos fuertes y débiles, luz y sombra, y está bien que así sea, pero cuando alguna de ella nos limita o nos trae agotamiento o angustia, algo no está en equilibrio.

No se puede ser fuerte todo el tiempo, porque estamos negando el dolor y evadiendo la causa, y entonces nuestro cuerpo lo sentirá: traerá dolores, malestar, cansancio o algo más complejo.

No se puede ser débil todo el tiempo, porque nos hará sentir incapaces, nos frustrará, creeremos que no podemos hacer nada de lo que queramos emprender, aunque ello sea algo que deseamos desde hace tiempo.

Necesitamos conocernos, saber quiénes somos, a qué le tememos, en qué somos efectivos y qué nos cuesta más, y desde allí saber que cada reto nos trae un desafío y una enseñanza.

Que aquello que pasamos por alto como un aprendizaje se repetirá de forma cíclica en múltiples situaciones de nuestra vida hasta que de una vez por todas nos comprometamos a trabajar con esa idea y nos hagamos responsables de lo que sí nos toca hacer con ello. Y una vez que creamos que está aprendido el desafío, volverá para comprobar cuánto lo hemos logrado.

Entonces, ¿nuestros aprendizajes son cíclicos? ¿Son para aprender o para comprobar si están realmente aprendidos? Aquello de que el hombre es el único animal que tropieza dos veces con la misma piedra, ¿es verdad? Creo que sí, porque no estamos en el mismo lugar cuando las situaciones vuelven a repetirse, porque en alguna de las vueltas ya hemos adquirido otro conocimiento, otra madurez; elegimos otro camino, y también pasa que con algunas situaciones repetimos el mismo patrón, y también por esa razón volvemos a revivir una y otra vez esa situación como una espiral interminable, hasta que logramos salir de esa órbita de repetición de patrones. Entonces, un día, podemos poner el límite y buscar otra manera de hacer las cosas.

En lo personal, y con cada persona que llega a mí, elijo que en cada vuelta del mismo ciclo nos aporte un poco más de sabiduría a la situación en vez del enojo de volver a pasar por lo mismo y lamentarnos con «por qué a mí».

Yo prefiero estar en paz con la convicción de que he hecho lo correcto y desde mi lugar de certeza, basándome en mi intuición de ese momento evolutivo en el que estoy transitando y aceptando que cada día para mí es un regalo infinito de aprendizajes, pruebas, errores y vuelta a barajar las cartas en este interesante juego de la vida, agradeciendo infinitamente por cada enseñanza a mis maestros que me guían y a cada persona que me muestra un espejo de mí misma que no siempre quiero ver.

¿El universo carece de sentido del humor?

Eres un ser único, merecedor de toda la abundancia.
Por eso yo, el universo, siempre estoy escuchándote
y creando tu realidad a partir de tus pensamientos…
¡Tú mandas!

Creer que la abundancia es que todo sea acorde a nuestras ideas puede resultar algo confuso. La vida no nos trae todo sin presentarnos desafíos también, y esos desafíos pueden ser nuestras riquezas.

Creemos en el poder de nuestros pensamientos y, muchas veces, también nos torturamos por aquello que pensamos. Hay muchas técnicas que enseñan cómo redirigir nuestros pensamientos, porque ellos son la energía que nos moverá, pero también es importante no sentirnos confusos ante algún resultado que sea diferente a nuestros caprichos o deseos.

No siempre significa que formulamos mal el pedido al universo o que tiene un ácido sentido del humor; puede también manifestar que antes tenemos un aprendizaje previo a ese resultado o que eso que creemos que es lo mejor para nosotros no lo sea.

Solía pensar que el universo se reía en mi cara; luego entendí que me abría caminos en mi evolución.

¿Qué es la abundancia entonces: solo bienes materiales, muchas personas que nos aman, concretar proyectos, ser felices?

La abundancia abarca todo lo que nos imaginamos, y es también muy particular a cada alma. Yo aprendí que la abundancia incluye los conflictos y los momentos difíciles, porque ahí predomina nuestra sabiduría para resolverlo, pero para mí la abundancia también es estar en paz, es lo más importante, porque en la paz uno ve claro, uno está pleno y puede ver a los demás tal y como son y no esperar más de lo que pueden ser o dar.

El universo escucha nuestros pedidos y nos enseña también, porque así como no podemos ser objetivos a la hora de darnos un consejo a nosotros mismos, nos va llevando por caminos impensados, y nos lleva a personas que nos toman de la mano para caminar algún tramo de nuestras vidas.

Todos tenemos ese amigo que nos conduce, que nos acompaña, que nos sostiene, que nos cuida el corazón y el alma, que nos dice eso que, tal vez aun sabiéndolo, no nos animamos a decirnos…

El universo nos escucha todo el tiempo. No temamos a lo que pensamos, no le tengamos miedo, pero estemos atentos a cómo formulamos el pedido porque se puede cumplir. ¡Uy! Si bien eso no lo sabremos en el momento, es importante frenar cuando solos no podemos y necesitemos ordenar aquellos pensamientos que solo nos traen tristezas y desesperanza, porque eso es lo que enviamos y el universo entenderá que queremos más tristeza y desesperación.

Está bien no poder solos todo el tiempo; hay momentos en que podemos y otros en que cuesta más y no es debilidad, es agotamiento de recursos propios.

Permitamos que alguien, con ideas nuevas, con la objetividad del afuera, con la experiencia ya transitada y resuelta o al menos comprendida, nos tome de la mano, nos aporte otra mirada, abordajes más creativos, un abrazo que una nuestras partes sueltas, la esperanza del «estoy con vos» en la mirada sincera de quien nos quiere. Recordemos siempre: «No es debilidad, es agotamiento de recursos propios».

Somos inmensamente sabios y no lo sabemos. No hay nada que no sepamos, nadie nos traerá magia, no hay tratamientos mágicos. Lo único mágico somos nosotros mismos y nuestros logros.

El universo nos escucha y es testigo de lo que hacemos con nuestras vidas, creando nuestras realidades, porque somos nosotros, en definitiva, quienes creamos nuestras realidades.

Pero si se nos agotan los recursos, acudamos a quien pueda ayudarnos, esperando de ellos la verdadera tarea de un terapeuta: acompañar en los procesos, apartándose de los resultados; sostener y dar ánimo, aportar recursos, dar herramientas y no proyectar más allá de la verdadera capacidad y evolución de cada alma, respetando el libre albedrío de cada persona.

Si algo de esto no ocurre, no estamos en el lugar correcto ni con el acompañamiento adecuado. Seamos cautos a la hora de elegir quién nos tomará de la mano. Nuestro camino es sagrado y debe ser tratado como tal.

¿Qué tanto queremos ser felices?

A veces, la vida te pone a prueba para ver
si eres lo suficientemente fuerte para seguir adelante.

¿Deseamos ser realmente felices? ¿Queremos estar bien de verdad? Porque allí es donde creo que radica la idea, la chispa, la inspiración en la búsqueda.

La vida no es fácil todo el tiempo ni tampoco un calvario. Hay momentos buenos, otros más difíciles, pero si la idea es estar bien, más allá de todo, el motor se puso en marcha.

Ese motor nos ayudará a salir de cada situación difícil que se nos presente, porque hay un horizonte que es lograr salir adelante a pesar de todo.

Cuando nos quedamos atrapados en el dolor, en el sufrimiento, en la frustración de no lograr estar bien, nuestra cabeza nos dinamita cada idea, cada sueño.

Los pensamientos los creamos nosotros; tal vez alguno puede ser que haya sido puesto desde nuestra infancia, pero como decía Louise L. Hay, son solo eso, pensamientos. Somos los dueños y responsables de las ideas que pongamos en nuestra mente a partir de ahora.

¿Sabemos escucharnos realmente? ¿Prestamos atención a lo que decimos o reclamamos o cuando nos quejamos o nos lamentamos? ¿Realmente ya no hay nada más que hacer, solo padecer cada día?

A algunos nos tocan vidas más complicadas que a otros, y la pregunta es: ¿puedo cansarme de pelearla? Claro que sí. Es justo y lógico que nos cansemos, pero podemos hacer de nuestra vida algo más, podemos pedir ayuda para poder seguir algún tramo del camino de la mano de alguien que nos sostenga cuando estamos cansados, y puede ser la familia o los amigos, pero si ellos tampoco pueden, siempre puede haber alguien más.

Es un error pensar que podemos solos, es un desafío innecesario y agotador, es una equivocada creencia de fortaleza, que solo nos llevará a la desesperación cuando no lo logremos; es un falso ego, es ser muy necio y poco humilde. Todos necesitamos una ayuda en alguna parte del camino, y cuando digo todos, digo todos.

No es debilidad, no es desesperanza; es aceptar las herramientas nuevas de alguien más, alguien que se formó para ayudar a los demás, alguien que también pidió ayuda para salir de sus propios dolores, alguien que nos conoce y puede aportarnos más información de nosotros mismos y de nuestras herramientas.

Cuando tenía doce años y mi mundo se derrumbó en un instante al morir mi padre, jamás creí que lo lograría. Y es que los padres, sobre todo a esa edad, lo son todo. Ese día se iba una parte de mí, una parte de mi identidad, de mis sueños; yo misma me perdí.

Él para mí siempre fue un gran maestro. Teníamos una relación especial. Él fue distinto conmigo como padre que con mis hermanos; tal vez porque nací cuando él tenía sesenta y cinco años… Sí, ¡aunque no lo crean! Fui su hija de la vejez. Mi picardía lo compraba y él se dejaba comprar también. Como sea, lo disfruté muchísimo.

Ese día dejé de vivir entre algodones para darme de lleno en la frente contra la pared más dura que podía imaginarme, sin saber que aún faltaban tantas…

Pasaba horas en mi cuarto tocando la guitarra, pensando, llorando, extrañándolo… Pasaba tiempo sola, y un día recordé su sonrisa, su alegría y me di cuenta de que yo era igual.

Esa chispa que mi papá tenía siempre, esa alegría, se había quedado conmigo por siempre y debía cuidarla como mi más preciado tesoro. Mi madre también era muy especial; una italiana fuerte y alegre que lo sostuvo todo y más cuando él ya no estuvo.

Una vez más, ellos eran mis maestros y me mostraban una herramienta valiosa que yo poseía y había olvidado usar. Entonces, sequé mis lágrimas y me puse en acción: busqué una hoja de papel y lápices de colores, e hice un cartel hermoso y colorido que pegué en la pared de mi cuarto para verlo cada día. Ese cartel sería mi motor, esa chispa misma que aún vive en mí.

Es la misma chispa que siempre trato de encontrar y encender con cada alma que sufre, con cada cosa que escribo, con cada capítulo de este libro.

El cartel decía lo siguiente:

«SOLO TENGO UNA META: SER FELIZ,
¡Y LES JURO QUE LO VOY A LOGRAR!».

Comparto con ustedes mi más preciado tesoro, mi chispa, mi motor, para que lo hagan propio y vuelvan a brillar una y otra vez, como sueño hacerlo yo cada día de mi vida, más allá de todo.

Transitar el dolor

Solo estás a un pensamiento de cambiar tu vida.

Wayne Dyer

No se trata de no transitar el duelo, los abandonos, los dolores, las faltas de libertades del alma, las ausencias, las frustraciones…, se trata de entenderlas, sentirlas, darles el tiempo para procesarlas, comprender el dolor en cada emoción, aceptar que las cosas que duelen, tal vez duelan por siempre, pero que podemos salir de ese lugar para seguir con una vida, nuestra vida, que empezará a partir de ese gran dolor, el que seguramente nos transforme y nos muestre una nueva versión de nosotros mismos.

A mi entender, es como que si fuéramos a formar callitos en el alma para preservarla, como el guitarrista que necesita de sus callos en las yemas de los dedos para sacar de su instrumento las más bellas melodías. El dolor se aplaca, pero aún duele, y los callitos protegen de la exposición directa al sufrimiento. Y con esto no digo dolor estancado, no sea que esos callos sean quistes o cosas peores; me refiero a una capa que recubra nuestra esencia misma, preservándola, cuidando nuestra alma para no sufrir innecesariamente.

Si un gran dolor nos atraviesa, no significa que debamos olvidarlo, negarlo, minimizarlo y seguir adelante como si nada hubiera pasado; significa que podemos reconocerlo como tal, abrazarlo para darle un encuadre, limitarlo y que no nos tome todo el cuerpo, la vida, los pensamientos, las emociones, los proyectos que no nos animamos a vivir, la salud… Y aun así, consciente de todo eso, se nos puede ir de las manos, porque aún nadie puede decir que hay una fórmula infalible para salir airoso del dolor, pero al menos hay que intentarlo y limitar lo máximo posible los daños colaterales que conlleva transitar un dolor.

Hay realidades muy duras en las vidas de las personas, que solo cada una de ellas comprende, pero no creo que la vida se termine ese preciso día en que tu vida se abrió en dos.

Llevará un tiempo rearmarse, pero no creo que los sueños ya no tengan valor ni horizonte. Creo en el poder sanador de escuchar a la misma alma hablándonos de nuestro dolor, y solo así saber dónde debemos construir nuestras fortalezas, nuevos puntos de apoyo y hasta crear andamios que permitan sostener nuestra quebrada estructura. Todo ser que desea salir de su dolor es para mí una apuesta a motivar su lucha, porque, en algún punto, es mi misma lucha. Pero nadie nos dijo que la vida es para ser felices, y un día cualquiera, o en pequeños instantes y momentos, decidimos dejar atrás el dolor y dejar de sufrir, aun en medio de realidades difíciles, en un proceso entre la liberación y la incertidumbre, porque nadie nos dijo que la vida es para ser felices…

Y es allí donde empezamos a buscar nuestro propio camino, nuestra propia verdad, que tal vez venga de la mano de otros que ya caminaron antes, y el proceso comienza: empezamos a confiar y soltamos todo ese peso que nos agobia, soltamos los miedos, soltamos las dudas y las entregamos a una sabiduría superior, algo que nos abraza y no siempre sentimos su abrazo… Nuestras creencias vuelven a tomar fuerza y son nuestro impulso inicial y quienes nos siguen dando envión.

¡Allí debemos estar siempre! Preparados para ese gran envión, que en algunos casos es la fe, o nuestras creencias, más allá de los credos, en la confianza de que somos una divinidad capaz de brillar siempre, y que cada prueba de la vida solo está para hacernos evolucionar más y siempre con un propósito que no es el sufrimiento.

«El sufrimiento es del hombre», solía decirme mi hermanita en la fe, mi querida Su. ¡Elevemos nuestra mirada al cielo y respiremos hondo! La vida siempre nos muestra un vaso con algo de agua. El gran secreto radica con qué ojos lo miramos, qué es lo que vemos, qué nos enseñaron a ver o qué elegimos ver.

El vaso estará medio lleno o medio vacío según la perspectiva de cada uno. Yo elijo siempre ver la mitad del vaso lleno. ¿Y ustedes? ¿Qué mitad del vaso ven en cada situación difícil que les toca vivir?

¿Se aprende a ver el vaso medio lleno? Supongo que depende de la apertura de ideas que podamos manejar. ¿Aceptamos como única verdad la mitad del vaso vacío? Creo que ahí radica nuestro limite mental, nuestras creencias limitantes.

Mi amiga Gaby hace poco me dijo algo que me dejó pensando: «Mi mamá[12] y vos se parecían mucho en la fuerza que tienen para salir adelante. Tienen una capacidad de recuperación ante el dolor que hasta parecería que intentan no involucrarse y pasarlo de largo, pero mucha gente, en cambio, no tenemos esa fuerza, nos cuesta procesarlo, nos lleva más tiempo soltarlo, nos deprimimos, tenemos altos y bajos, pero, sin duda, lo que sea que

---

[12]   Isa fue y será alguien muy especial para mí, quien está en mi corazón más allá de no estar ya en este plano.

nos ocasiona como efecto posterior al dolor, como, por ejemplo, de un duelo, nos llevará más tiempo transitarlo».

Lo que mi amiga me quería decir era que su mamá y yo no hacemos, por ejemplo, duelos largos; no nos quedamos perdidas en el dolor por demasiado tiempo porque no lo soportamos, porque nuestra naturaleza es estar bien, hasta me animo a decir que desafiamos a la tristeza que el mismo dolor trae. En nuestra defensa, en cambio, dijo que semejante fuerza es maravillosa para ayudar a salir del pozo en el que pueden caer las personas que no salen de un gran dolor.

Entonces, como no hay ninguna regla que aplique a todos respecto de cómo sobrellevar una pérdida, un duelo, una separación o el dolor en sí mismo de lo que nos toque enfrentar, vuelvo a citar la idea del vaso medio lleno o medio vacío, ya que tal vez haya al menos dos enfoques del tema.

Por ende, si barajamos la idea de que hay más de una manera de transitar nuestros dolores, solo nos quedará ver qué vemos del vaso y qué tipo de enfoque es el que nos queda más cómodo a lo largo de nuestra vida y, a partir de ahí, saber qué podemos ser: los que poseemos la fuerza y salimos adelante sin negar el dolor en sí mismo y trabajarlo a conciencia o los que debemos buscar a aquellas personas que nos sacarán del pozo, ya que ellas tendrán la fuerza que nos faltará en esos momentos.

Pero debemos reconocernos también ante la opción, ya sea porque poseamos la fuerza o no, de que no tengamos el motor encendido y podamos con todo. Y es que ser flexible y comprensivo con nosotros mismos es un valor importantísimo para cuidar nuestra alma.

Mi psicóloga Lili no hace mucho me recordó la palabra «vulnerabilidad». Años antes me la había presentado mi psicóloga Laura. Ser vulnerable también puede ser una opción permitida a las personas fuertes.

Solo espero que, sea cual sea el dolor que les toque vivir, si así está escrito en sus historias, ya sean ustedes los fuertes, los menos fuertes o los fuertes vulnerables, puedan recorrerlo de la mejor manera posible. Porque más allá del tiempo, las cualidades personales y la mitad del vaso que vean, sepan que quedarse quietos es morir de a poco, es aceptar la derrota, es darle fin a una maravillosa vida envuelta en el papel de regalo más bonito del universo: ustedes mismos. «No ganemos batallas, coleccionemos victorias».

Todos queremos paz, pero...

La paz que tanto buscas está justo detrás
de la emoción que tanto evitas.

Muchas veces estamos en situaciones complicadas donde seguramente nos pasan algunas de estas opciones:

1) No deseamos estar en esa situación.
2) No sabemos cómo salir de esa situación.
3) Lloramos, nos enfurecemos, nos desesperamos y nos lamentamos por las dos causas anteriores durante tiempos demasiados largos.

Suena obvio si afirmo que ninguna de las tres opciones resolverá lo que nos está pasando, y mucho menos esperar a que alguien más lo resuelva por nosotros. Mirar a otro lado o culpar a la mala suerte, a un dios que nos abandona, al vecino o al karma tampoco creo que nos saque de esa situación.

La única opción es ponernos en acción con el fin de resolverlo, si es que podemos, y hacernos cargo de esa situación que, aunque no nos guste, es lo que tenemos que aprender en este capítulo del libro de nuestra vida, es lo que hará que podamos estar en paz nuevamente.

Y todos estamos corriendo detrás de la paz y la felicidad como un caballo tras una zanahoria. Pero ¿qué es la paz? ¡Son tantas cosas y tan variadas! Depende de cada uno, de las creencias, de la medida que tenemos para determinar la paz, de lo que para otros es la paz…

Entonces, acá viene la parte en la que debemos tomar lápiz y papel y comenzar a escribir la lista de lo que para nosotros es la paz, que es muy particular de cada persona.

Me gusta escribir porque puedo verlo mejor, y siempre sugiero escribir porque nos da esa objetividad del afuera. Mi pensamiento personal es que la paz se pierde cuando no estamos haciendo lo correcto, y lo correcto muchas veces va en contra de nuestro orgullo, deseo y ego.

Muchas veces la paz viene de situaciones que, al parecer, serían injustas para mi persona porque beneficia a otros. ¿Se les ocurre algún ejemplo? No es una idea simple de entender. A ver si puedo esclarecer un poco mis ideas enredadas entre tantas palabras.

Todos coincidimos en que la paz es no discutir, llevarnos bien, hacer bien las cosas y tal vez una lista más larga que la que acá detallo, porque lo que para mí es mi paz puede no serlo para los demás. Y todo se vuelve muy subjetivo, una vez más.

Pero también descubrí que puedo estar en paz aun cuando el otro está en guerra y me la declara fervientemente. ¿Cómo? Con la certeza de hacer las cosas que me corresponden correctamente, aunque implique hacer cosas que quien declara la guerra se vea beneficiado. Porque la guerra del otro tiene un reclamo oculto de pedido de amor y atención y una gran carga de enojo, y saber escuchar objetivamente ayuda a crear empatía hasta con nuestro peor enemigo.

En ningún momento digo que esto sea fácil, pero es comparable a extirpar un tumor maligno o dejar que crezca hasta matarme. El odio del otro, la guerra del otro es ese tumor que debemos no dejar crecer en nuestro interior, en la medida de lo posible. Un ejemplo cotidiano que se me viene a la mente simple de entender es cuando un matrimonio se separa y hay bienes de por medio.

En general, se vuelve una guerra fría, donde toda la artillería se saca al campo de batalla con tal de sacar el mayor bien. En el medio hay un sinfín de matices emocionales: recuerdos, promesas, hechos, dolor, infelicidad, etc.

Tal vez, y digo tal vez, en algunos casos soltar bienes a modo de rehenes, además de un gran gesto de amor a uno mismo principalmente, es un gran instinto de protección. Es dejar de poner el ego y el orgullo por delante en una batalla que no he visto jamás terminar y las consecuencias que eso trae. El orgullo y el ego por ganar hasta en una discusión simple, además de todo lo que nos hace perder, nos quita paz.

Sin duda, cada historia es única, y lejos de emitir un juicio por quienes pasan por una separación ni minimizar un hecho tan delicado, entiendan que lo tomo como un ejemplo aislado de tantos al azar, pero que seguramente tiene su inicio en nuestra infancia.

¿Qué pasaba cuando nos peleábamos con algún hermano o amigo por jugar con el mismo juguete? ¿Hasta dónde llevábamos el capricho de tenerlo más tiempo? ¿Cuántos llantos y tironeos nos llevaba darnos cuenta de que tal vez si uno cedía, el otro jugaría un rato y luego sería capaz de compartirlo?

La verdad es que yo no sé cuándo voy a dejar este plano, ni ustedes tampoco, y trato de vivir mi vida lo mejor posible a pesar de todo, pero sé que cuando eso ocurra, no habrá deudas pendientes respecto de mi expectativa de lo que quise hacer con mi paso por este mundo. No estuve anestesiada dejando que el tiempo pase, he vivido mi vida atenta, consciente, conectada; me he equivocado mil veces y he tratado y trato de reparar los errores, aun cuando el otro no me dé acceso. Dejé aprendizajes para que los tome quien lo desee; mi vida entera ha sido un humilde testimonio de un posible camino y he luchado con los peores demonios: mi mente, mis miedos, las ausencias, el desamor, la enfermedad.

He aumentado mi fe en Dios y he aprendido a soltar a quienes amo, quebrando mi corazón en mil pedazos. Porque, por primera vez en mi vida, no tengo nada pendiente por hacer de todo lo que está en mis manos por hacer.

El resto de mis días son un maravilloso regalo del universo para disfrutar de lo que está dispuesto para mí, aunque también en este tiempo me toquen momentos difíciles.

Enfrentar aquellas emociones que evitamos no nos traerá paz ni felicidad, y traspasar ese umbral es un salto cuántico hacia nuestra evolución personal.

Les deseo el valor, la fortaleza y la nobleza de poder transitar cada paso de sus vidas en busca de la paz y la felicidad que cada uno de ustedes se merece y que ojalá se permitan experimentar. Porque dicen que la paz —y yo agregaría la felicidad— yacen dentro de nosotros, justo detrás de las emociones que tratamos de evitar.

Estabilidad, esa asignatura obligatoria de la vida

La vida no es estabilidad,
es saber andar en equilibrio.

Entonces, ¿por qué buscamos estabilidad? ¿Acaso asumimos estabilidad y equilibrio como lo mismo?

Equilibrio y estabilidad[13]

La estabilidad puede ser entendida como la capacidad de un cuerpo para mantener el equilibrio, es decir, de evitar ser desequilibrado. También se ha descrito a la estabilidad como la propiedad de volver a un estado inicial previo a la perturbación.

Se nos enseña que no es bueno desequilibrarnos, que hay que ser estables, que no debemos perder el equilibrio emocional, que debemos sentirnos emocionalmente equilibrados y tener estabilidad emocional… En lo personal, no creo que la estabilidad y el equilibrio sean un estado permanente; es como la felicidad: uno no está todo el tiempo feliz. Entonces, ¿por qué somos tan

---

[13]   Definición sacada de Google.

exigentes con nosotros mismos cuando perdemos la estabilidad emocional ante momentos críticos en nuestra vida?

No podemos ser estables si estamos bajo mucha presión o estrés o estamos atravesando situaciones difíciles, por lo cual, exigirnos semejante locura solo nos llevará a un mayor desequilibrio de tanto sostener la presión por mostrarnos estables. Me resulta más amigable pensar que si nos perdemos, debemos volver a buscar el equilibrio apenas empecemos a sentir que todo se vuelve muy pesado.

Puede suceder que a veces podamos solos, en otras pidamos ayuda y en otras creamos que es mejor en soledad o con las mismas herramientas que hemos usado hasta ahora, pero no pensemos lograrlo cuando esas herramientas hasta ahora no han funcionado. El problema es que tenemos una idea errada del verdadero significado y su posterior resultado respecto de pedir ayuda, porque creemos, o nos hicieron creer, que pedir ayuda es debilidad. El «yo puedo» es la vara que mide nuestra fortaleza y, por tanto, nos da vergüenza por lo que el otro crea de nosotros. También puede que sintamos que pedir ayuda nos hace menos fuertes y que ya no podemos ser superhéroes, porque si nuestros padres eran fuertes y podían solos, nosotros también deberíamos poder y bla, bla, bla. Todo eso lo escucho a diario, todo eso también lo creía yo antes.

Entonces, en este tironeo de «yo puedo», «yo tengo que poder», «yo siempre pude vs. ya no puedo como antes», «yo no sé si esta vez podré, antes podía y ahora no sé cómo lograrlo», perdemos más de la mitad de la energía y la estabilidad emocional que tanto tememos perder.

Mi querida psicóloga Laura[14], cuando trabajaba sobre estas ideas, me dijo: «Pero ¿cómo no vas a estar agotada si estás cargando con un montón de cosas? ¡Estás en todo tu derecho a sentir que no podés y de estar agotada, mujer!».

Y esa frase, tan simple, resumió no solo toda mi vida, sino también mi personalidad de superheroína. Y así, sin más, me largué a llorar desconsoladamente y lo entendí todo. ¡Ya no podía más! ¿Se identifican ustedes también?

Me mostró una nueva versión de mí: la vulnerabilidad, esa que muchos años después entendería en absoluta profundidad. Sin saberlo, comenzaba un capítulo muy diferente en mi vida, inimaginable e incierto, pero tan valioso como cada aprendizaje adquirido en el momento adecuado.

Resulta que podemos ser vulnerables en ciertos momentos de nuestras vidas, que tenemos permitido no poder y que, inevitablemente, nos sacarán del eje.

Habrá muchas situaciones que nos van a hacer perder el equilibrio, y la estabilidad vendrá cuando aprendamos a caminar con equilibrio en las situaciones inestables y, para ello, la objetividad es nuestra mejor aliada.

Si ya no estamos siendo objetivos, es cuando debemos pedir ayuda para que otro mire por nosotros, nos dé su punto de vista, busque atajos, aporte nuevas herramientas o nos recuerde con lo que si contamos: nuestras fortalezas.

---

[14] Una de las tres amorosas personas y profesionales que caminaron a mi lado a lo largo de cada etapa complicada de mi vida: Martita, Laura y Lili. Hay un sinfín de seres maravillosos que también contribuyeron a mi crecimiento y evolución personal, pero resulta imposible nombrar en este libro a todos y darles mi eterno agradecimiento. Cada uno de ellos sabe cuánto me aportó.

De esa manera, descomprimiremos el cincuenta por ciento de la presión, y si a eso le sumamos alguna técnica que nos lleve a encontrarnos con nuestra paz interior, ya sea salir a correr, hacer yoga, una sesión de reflexología o reiki; ir a un *spa* o a un partido enérgico de pádel, jugar al fútbol o lo que nos guste hacer para liberar presión, la batalla ya estará casi ganada, porque en la calma llegan las respuestas y las soluciones a los problemas que nos toquen enfrentar o a las dificultades de las que no encontramos la salida.

Pedir ayuda no es de débiles, pedir ayuda es de gente práctica, responsable de sus emociones y sus vidas, de quienes se aman tanto que jamás se dejarían caer, de quienes asumen la responsabilidad de sus emociones y no quieren manipular a los demás victimizándose.

«Pedir ayuda cuando no podemos con algo es el acto de amor y lealtad a uno mismo más grande que podemos tener».

Una sola idea
puede desencadenarlo todo

Nuestras vidas son una suma total
de las opciones que hemos tomado.

Wayne Dyer

Si nuestra mente fuera un músculo al que hay que ejercitar, ¿cómo te imaginas que sería? No olvidemos que es la que suele dominarnos y llevarnos a un torbellino de pensamientos del cual es difícil salir a veces.

¿Qué estás pensando ahora mismo? ¿Tus pensamientos son positivos? ¿Quién gobierna tus pensamientos? Solo nosotros elegimos qué pensar; entonces, estemos atentos.

¿Y si cada pensamiento se cumpliera a los pocos minutos de haberlo creado? ¿No elegiríamos mejor qué pensar? Entrenemos nuestros pensamientos como si cada uno de ellos fuera a cumplirse y nuestra vida podrá ser algo más apacible y menos tormentosa: pensamientos positivos y calmos, evitando anticipar situaciones dolorosas o complicadas; manejar los pensamientos recurrentes obsesivos y negativos, desarrollando la calma y la confianza.

Si esos pensamientos negativos aparecen y nos embisten como una tormenta de viento, entreguémoslo al universo, Dios, nuestro ángel de la guarda, el cosmos o lo que sea en lo que crean, pero entréguenlo. Sáquenlo de su cabeza, húndanlo en el fondo del océano, visualicen lo que más fácil les resulte, respiren hondo y sepan que son pensamientos. No les tengan miedo, solo tengan el control; no los dejen seguir creciendo porque se convertirán en un dragón enorme y los devorará indefectiblemente.

Una sola idea puede desencadenarlo todo: la paz o el desquicio. Seamos amorosos con nuestros pensamientos y, si acaso nos superaran los malos pensamientos o dolores pasados, respiremos hondo y miremos a nuestro alrededor. El aquí y ahora es lo más real que tenemos. Los pensamientos de preocupación tal vez jamás lleguen a suceder, no nos preocupemos de las cosas.

Pidamos ayuda, siempre insisto en esto, consultemos a profesionales, aceptemos opciones distintas. Los tiempos cambian, las necesidades también, y no somos los mismos a medida que pasa el tiempo. No es necesario cargar con todo solo, nunca solos. Siempre alguien puede aportar, contener; es muy importante.

Esto me recuerda a un cuento que una vez me contaron, del que hice una versión propia con el paso del tiempo, solo porque honestamente no lo recuerdo con exactitud y pido disculpas al autor, pero la idea principal es lo que quiero compartirles:

Un señor reunió todos los ahorros de su vida y compró una vivienda aún sin construir, con tan solo el proyecto en un plano y ninguna estructura aún hecha, pero la unidad a la que pudo acceder era a la que estaba al lado del hueco del ascensor.

Cada noche, antes de dormir, le preocupaba la idea de que cuando se mudara a su nueva casa, el ruido del ascensor no lo dejara dormir por las noches.

El edificio tardó varios años en construirse, pero nuestro amigo pasó cada noche preocupado por su futuro departamento y el ruido del ascensor.

Un buen día, la empresa donde trabajaba le ofreció un ascenso muy importante y la posibilidad de instalarse en otro país, a lo cual, obviamente, aceptó encantado.

Nuestro amigo vendió su departamento a un sobrino, aquel que había comprado, aún en construcción, al lado del hueco del ascensor, y él se fue muy feliz a vivir una nueva vida a Europa, con un nuevo trabajo y el dinero de la inversión original duplicado por la venta de su departamento que, como ya casi estaba listo, se revalorizó.

Mientras armaba sus valijas, recordó que había pasado años angustiado y arrepentido de haber comprado aquel departamento al lado del hueco del ascensor, pero las vueltas del destino lo llevaron a no vivir jamás en él, y no solo recuperó su inversión inicial, sino que la duplicó al venderlo; otra idea que tampoco había tenido en mente que sucediera.

Moraleja: no te pre-ocupes por las cosas antes de que sucedan, ya que tal vez… ¡jamás sucederán!

Nadie sabe nada del futuro, hoy podemos estar aquí y mañana en otro lado, las cosas pueden cambiar, y no sabremos, hasta que ocurran, si son para bien o para mal, ya que todo cambia a medida que el tiempo transcurre.

Solo podemos saber lo que pasa en este preciso instante. Entonces, ¿para qué preocuparse? Disfrutemos de ese gran tesoro que es hoy, ya que es de lo único de lo que podemos estar seguros solo por hoy. Un día a la vez, ¡así estaremos bien!

Nuestra zona de confort

Si quieres alcanzar tus objetivos,
debes estar preparado para una dosis diaria
de dolor e incomodidad.

Paulo Coelho

¿Cuántas veces nos quejamos, pero no hacemos nada por realizar cambios favorables para nosotros mismos o deseamos algo con muchas ganas y tampoco accionamos para que eso ocurra?

Es posible que nos hayamos acomodado confortablemente en nuestro sillón de nuestra zona de confort. Esa también es una elección, ¡y es legítimo! Lo que no es válido es quejarse, justificarse o, como dice la frase, «llorar sobre la leche derramada».

Si revisamos nuestra vida, veremos muchos pendientes o cosas que nos dan pereza, y es verdad que para todo hay un momento adecuado, lo que me abre un signo de pregunta en el «mientras tanto».

Porque en el «mientras tanto», la pasamos mal, sufrimos, nos sentimos postergados, coartados y hasta aturdidos de qué hacer.

En este tema debo felicitar a los niños, quienes, con su honestidad sin filtro, muestran lo que los pone incómodos o no quieren, y de ellos deberíamos aprender a sortear estas dificultades y aplicarlo a nuestra vida diaria, con algo más de diplomacia tal vez, pero sin tantas vueltas.

A veces hasta poder decirle al otro:

- «No me gustó cómo me hablaste»,
- «Esperaba que me abrazaras»,
- «Siento que estás equivocado y espero una disculpa», y tantas situaciones más… Son más saludables para ambas partes, y también nos saca de esta peligrosa zona de confort, de no decir lo que sentimos o pensamos y pasarla mal. Y adivinen qué lugar nos queda: victimizarnos. Una y otra vez tomamos ese innecesario lugar.

¿No sería más simple decir lo que sentimos respetuosamente en ese momento? Aunque se genere una situación incómoda, pero será más saludable que callarnos y juntar bronca, sacar conclusiones que pueden ser erradas sin darle al otro el derecho a réplica o juzgar despiadadamente. Seguramente, expresar lo que sentimos en el momento pueda evitar que, pasado ese tiempo y con suficiente enojo acumulado, al primer comentario estalle una guerra.

Si decimos las cosas en el momento, el otro hasta podrá defenderse si entendimos mal dando su mirada de la misma situación, y también es verdad que podrá contestarnos mal o no querer hablar del tema, pero está en nosotros generar un diálogo, porque no es necesario maltratarnos.

Debemos decir lo que sentimos, ambas partes. De eso se trata salir de nuestra zona de confort, de abrir la mente porque al otro le pueden estar pasando otras cosas también; por lo cual, muchas veces puede ser un padecimiento, un sometimiento innecesario.

Siempre estamos hablando de vínculos sanos y hay que estar atentos si no lo son. Un profesional siempre ayudará a esclarecerlo correctamente.

Yo creo que mirar nuestra vida por una ventana, sin tomar acciones necesarias que nos saquen de un falso confort, nos aleja de una posible incomodidad o dolor, pero también nos aleja de nuestra propia vida no siendo protagonistas, nos aísla a una cueva oscura, solitaria, sufriendo y añorando, imaginando mil opciones diferentes desde la que cómodamente vemos pasar.

Ser protagonistas de nuestra vida nos dará un gran matiz de sensaciones. Habrá momentos para surfear la ola; otros, para hacer la plancha, y algunas veces deberemos subir montañas algo más empinadas.

Pero alcanzar los objetivos que nos fijemos siempre requerirá de una mochila liviana con lo justo para el viaje, un calzado adecuado, un mapa y un sueño que perseguir. ¡No se lo pierdan! Vivan sus vidas, sean protagonistas, involúcrense con lo que pasa a su alrededor. No dejen que sus vidas las vivan otros ni que sus sueños los cumplan los demás, y que nada ni nadie se apodere de sus proyectos. ¡El cielo es el límite!

Siempre existe una posibilidad para todos

Porque nunca es tarde, y el tiempo solo se acaba cuando la vida se termina. Y hasta ese momento, siempre existe una posibilidad para todos.

Palabras de café

Los momentos felices suelen parecer más cortos que los momentos difíciles, pero el motor siempre es el mismo: vivir nuestra vida, ser felices, ser libres, estar plenos, buscar opciones…

¿Cuántas veces nos toca vivir situaciones que parecen robarnos años de vida, un peso insostenible que nos deja en un lugar de agotamiento extremo?

¿Cuántos de esos momentos los creamos nosotros a merced de otras personas tóxicas que vienen a mostrarnos aprendizajes fuertes de nosotros mismos, los cuales sortearemos o no dependiendo de nuestra inteligencia emocional, para lidiar con ello?

Vivimos momentos de enorme felicidad junto a familia y amigos, y nunca faltan los ataques de quienes solo buscan dañar indiscriminadamente porque sí, porque no pueden con sus vidas e intentan arruinársela a los demás, porque nos rodea gente que pone a prueba toda nuestra evolución, y las circunstancias nos exigen poner en práctica todas estas teorías.

Todos tenemos las mismas recaídas. Podemos tener una vida común y corriente o, muchas veces complicada, pero también nacimos con el don de la empatía, la cual nos permite poder ponernos en el lugar del otro cuando nos cuentan sus problemas.

En mi caso en particular, soy una persona muy terca y empecinada en ser feliz, en búsqueda permanente de la manera de no quedar sometida a los golpes y reveses que la vida me pone, ni atrapada en los procesos de los que me rodean que pueda llevarme a lugares que yo no elijo, y de eso se trata el compartirles mis ideas en este libro, para que ustedes también apliquen todas las herramientas que tengan a mano, busquen, indaguen, exploren y sumen. ¡Siempre sumen más y más!

Es verdad que cuando somos inmensamente felices, parece que tenemos una superfuerza y que somos capaces de arremeter con todo lo que intente interferir en nuestra bien merecida felicidad del momento, pero no siempre estamos en la cresta de la ola surfeando con maestría, ¿verdad? A veces solo estamos bien, así, a secas, y un golpe nos desestabiliza, y ahí el superhéroe no nos sale, la superfuerza está agotada.

Es en esos momentos cuando debemos mantener la calma si es posible, y comprender que la vida es ambas cosas, felicidad y tristeza; que nada dura eternamente y que como siempre les digo, y a mí también me decían: «Todo pasa, y esto también pasará». Porque también lo bueno pasa, y mientras estemos en este plano, siempre habrá oportunidades.

Les deseo un enorme espíritu de conquistas hacia la felicidad, los sueños y la libertad de sus almas, porque como dice la frase: «Nunca es tarde, y el tiempo solo se acaba cuando la vida termina; y hasta ese momento, siempre existe una posibilidad para todo»

Todos necesitamos un recurso que nos ayude a salir adelante

Solo cuando sabemos y entendemos que tenemos un tiempo limitado en la tierra, y que no tenemos manera de saber cuándo se acaba nuestro tiempo, entonces comenzaremos a vivir cada día al máximo, como si fuera el único que tenemos.

Elisabeth Kubler-Ross

Esta semana me gustaría compartirles un recurso extremo pero tan real como la vida misma, para cuando no logramos salir adelante de alguna situación que nos angustia o nos atormenta. La vida, mis queridos, no es eterna, pero ¿cuánto de esta idea acariciamos a conciencia?

En ciertos momentos, como les digo a mis consultantes y a mí misma, los quiero afuera del sufrimiento, y a veces necesito una terapia intensiva de realidad, porque igual que todos ustedes, caigo en las mismas espirales retorcidas del pensamiento inútil, esas que nos estancan y nos arruinan la vida.

¿Qué pasa cuando permitimos que situaciones, ideas, pensamientos o acciones de los demás, literalmente, nos arruinen la vida, o cuando estamos transitando situaciones difíciles concretas y nos ahogan? Un recurso extremo sería pensar que no hay un mañana, que nuestra vida se podría terminar hoy.

¿Por qué haría eso? Porque me remueve mil cosas pensar en ello, porque hace un tiempo que estoy con situaciones personales que no logro resolver como quisiera y me agobiaron, y me di cuenta de que además me están restando tiempo valiosísimo de mi vida, haciéndome perder lo importante que es el hoy y lo que sí tengo.

En la vida es solo cuestión de un minuto para que todo pueda cambiar drásticamente. ¿No les pasó acaso? ¿Y si fuera verdad? ¿Y si alguien pudiera estar viviendo esta situación de manera real? ¿Y si a alguien le dijeron que no hay mañana? Entonces el hoy cobra una importancia sin medida.

La vida nos la regalan con la condición de que la vivamos a pleno hasta el último día, pero ¿lo hacemos o nos estancamos en cosas que no son tan importantes, restando alegría, entusiasmo, no siendo felices, distrayéndonos de lo importante?

Si me dijeran la fecha de vencimiento de mi envase, repartiría el tiempo para poder hacerlo todo, incluido el ocio y el disfrute, porque después de todo, también vinimos a conectarnos con lo que nos gusta. No es solo trabajar, renegar, agobiarnos o vivir donde no nos gusta, con quien nos lastima o no nos valora; vinimos a ser libres y felices.

Cada vez que me confronto o confronto a alguien con esta idea, inevitablemente llora. ¿Por qué? Porque nos damos cuenta de que estamos haciendo las cosas de manera inadecuada para nosotros y no estamos siendo felices. Es un recurso extremo, pero tan real como la vida misma.

Hoy quise ser directa e incisiva, porque estoy teniendo demasiados pacientes sufriendo y no reaccionando a lo que realmente es su vida, y esto es el termómetro de que algo no anda bien. Me refleja que algo no estoy haciendo bien yo tampoco, me muestran mi propia imagen. Agradezco la idea de no ser eterna porque me da vuelo, libertad, felicidad y dirección más precisa respecto de mis problemas y su verdadera dimensión.

No permitamos que nada nos quite la alegría, al menos por un tiempo muy prolongado; entendamos que cada día es único e irrepetible y que lo que se va ya no vuelve, y no tomemos esta información como una linda frase armada, sino para capitalizar el hoy que es tan tan tan importante, como así también detenernos en los detalles de momentos felices y disfrutarlos a pleno en nuestros corazones.

Les aseguro que si aplican en sus vidas esta terapia intensiva de realidad, no solo vivirán mejor sus vidas, sino que sus días podrán tornarse más livianos, serán más felices comprendiendo que lo importante es lo que viven hoy, tendrán más energía para cada día, darán lo mejor a cada uno, valorarán más sus vidas y se conectarán con los demás como jamás lo hayan hecho.

Solo tenemos el hoy, ¿y mañana? Cuando sea mañana, ¡ya estaremos viviendo en el hoy!

La amistad, ese gran motor de nuestras vidas

*La verdadera amistad no se trata de ser inseparables,
sino de poder estar separados y que nada cambie.*

A menudo suelo decir y oír decir que los amigos son la familia que uno elige. Se forjan vínculos fuertes, se entrelazan historias de vida, secretos compartidos, complicidad, se entrega el alma, se crean pactos implícitos de lealtad, entregamos nuestra vida misma a un amigo y, hasta a veces, son más importantes que la familia en la que nos tocó nacer. Ellos son familia.

Pero a veces me he visto en situaciones que me causaron enormes dolores: amigos que ya no reconocía por verlos diferentes, gente que se vio influenciada por otros y perdió su esencia, malentendidos, enojos, ofensas, abandonos…

A lo largo de mi vida he tenido la suerte de tener amistades muy valiosas; amistades propias hechas a lo largo de mi vida y otras heredadas de otros amigos o familiares. Gente que jamás pensé que serían amigos y allí están aún hoy, compañeros de antiguos trabajos que hoy solo nos une una amistad y los recuerdos de la época de diarios encuentros en la oficina, amigos de la infancia, separados por circunstancias de la vida y reencontrados de adultos con una vida ya vivida que, si bien nos tocó estar ausentes mutuamente, nadie pasa facturas, sino todo lo contrario:

abrazarnos y llorar por no haber estado allí durante tantos años en los momentos importantes de nuestras vidas, y emocionarnos por descubrir un amor intacto.

Entonces, ¿la amistad que sería; amor, básicamente? ¿Y todo lo que lo aleja? ¿Desamor? ¿Acaso solo dejamos de querer a las personas?

Creo que ambas cosas. A veces he visto que hay amistades de toda la vida que están viciadas por malos hábitos de cuidado y eso, finalmente, desgasta hasta el amor y los termina alejando.

Por eso es importante ser adulto también en este vínculo; saber esperar al amigo que no puede ser amigo a veces, respetar al que está tapado de líos y no vio el mío o no se dio cuenta de que yo también necesitaba ese abrazo; que tal vez solo abrazarnos era suficiente, sin tantas palabras, porque, ¿qué pasa cuando nos abrazamos? Nuestros corazones laten sincronizados.

A veces me toca escuchar a consultantes y amigos y hasta a mí misma sintiéndome inmensamente estafados emocionalmente por amigos que jamás hubiera creído que me lastimarían, pero ¿cuánto de verdad hay en ese sentimiento? ¿Qué clase de amistad damos? ¿Qué clase de amistad da el otro? ¿Es igual o la energía está desequilibrada? A veces somos similares; otras, no.

Una vez me di cuenta de que yo daba mucha lealtad en mi amistad y los demás no; fue una puñalada en el pecho. Sané y comprendí que eso era todo lo que podían dar y, así, con amor lo recibí, sin reclamos, y cuando no quise, con amor los solté, comprendiendo que somos distintos y que también elijo por el bien de ambas partes.

Creo que si hay amor, sin condiciones, tal vez solo dar un tiempo para poder ver más allá, puede servir para el reencuentro y en el «mientras tanto» no sufrir innecesariamente, porque lo que sea, será, movido por el amor. ¿Y si ese amigo no vuelve? Entonces esa amistad se basaba en otros vínculos que no pueden sostenerse en el tiempo.

Conocí a dos amigos que estaban juntos desde la infancia, crecieron y seguían juntos, pero un día, Mariano comenzó a explorarse a sí mismo y descubrió que podía ser y dar más de sí mismo en sus relaciones afectivas. Quería verse y autogestionarse emocionalmente y conectarse con los demás desde lugares más saludables, vínculos más fuertes, más honestos, más maduros.

En ese tiempo, conoció a una mujer diferente a las que había conocido hasta ahora y se enamoró, rompiendo con muchos de los prejuicios sociales y personales. Aceptó el desafío y se sintió pleno y feliz de haber encontrado a la mujer de su vida.

Quiso presentársela a sus amigos, dando por hecho la aprobación y aceptación del grupo de su amada. Lamentablemente, su amigo comenzó a distanciarse y Mariano lo interpretó como celos. Dolido y confundido, no sabía qué más hacer, pero su amigo siguió distanciándose cada vez más.

Pasaron muchos años y no se volvieron a comunicar, hasta que un día, Mariano, feliz con su vida, con la familia que había formado y con una vida de mucho trabajo y crecimiento personal, volvió a buscar a su amigo para tratar de entender qué había pasado después de haber respetado todos esos años de distancia obligada.

Su amigo no entendió que Mariano había elegido salir de la caja en la que todo su entorno, su vida, amistades y sueños había vivido; lo consideraban un transgresor, pero siempre que podían, lo limitaban menospreciando sus ideas tildándolas de locuras, y cuando encontró cómo desplegar sus alas, su amigo no pudo confrontar su propia realidad, su caja limitante, y simplemente se alejó sin decir nada, indiferente a cada intento de vínculo de Mariano.

Lo notable es que, si bien se arrepintió por años, jamás pudo llamar a su amigo y arreglar las cosas, ni siquiera cuando su amigo lo volvió a buscar. Claramente, el amor en esta amistad estaba desequilibrado; solo Mariano estaba dispuesto a amar incondicionalmente, a olvidar y volver a empezar, a aceptar las diferencias y seguir adelante. Entonces, viendo que ya nada se podía hacer, lo soltó con amor, manteniendo los lindos recuerdos de una amistad que duró lo que pudo durar.

Esta historia es real. Fui testigo de todo esto y acompañé con todas las herramientas que tuve en ese momento para que la experiencia diera los mejores aprendizajes.

Permitamos que la amistad siempre nos inunde el alma, comprendamos los errores, propios y ajenos; y no dejemos que comentarios de quienes no entienden de esa amorosa sociedad nos influencien, y con el corazón en la mano y mirando a los ojos el alma, sellemos cada vez que podamos el más sagrado pacto de amor inventado por el hombre: la amistad.

Me dedico a trabajar con niños disfrazados de adultos

La niñez es un estado de conciencia que termina el día en que un charco de lluvia es percibido como un obstáculo y no como una oportunidad.

Cada vez que llega un paciente nuevo, no veo a un adulto, veo al niño o niña que fue y, desde ese lugar, puedo descubrir la enorme posibilidad de trabajo personal y los conecto con lo más sagrado de ellos mismos.

Creo que es más fácil la empatía porque podemos desentendernos del resultado y del juicio de considerarlo bien hecho o mal hecho, teniendo en cuenta que todo es tan subjetivo.

A veces, saber que esa decisión que tomamos en ese momento era todo lo que podíamos hacer con las herramientas con las que contábamos o el nivel de evolución en el que nos encontrábamos, y aceptarlo, es suficiente para quitar mucha presión, pero no dejar de asumir la responsabilidad en los próximos pasos, tomando otros caminos con el objetivo de obtener otros resultados más adecuados para nosotros esta vez.

Y si bien cada persona es distinta, todos pasan por mi infaltable sondeo y pregunta de «¿cómo fue tu niñez?», porque ahí formamos las bases de toda nuestra vida. Mucho se habla del niño interior, y yo creo que nunca crecemos, nuestro cuerpo crece, nuestra voz cambia, nuestra mente cambia, pero somos niños asustados en un cuerpo de adulto que nos exige responder como adultos a un mundo que, si no, nos juzga, nos entorpece a la hora de decidir, de sentir, de expresar.

Suelo divertirme comportándome como niña con quienes aceptan el desafío de ser «ridículos», sin importarme el juicio del otro y, sinceramente, son los mejores momentos del día.

Parece que los únicos avalados socialmente a jugar como niños son los niños y los más ancianos. A ellos se les mira con ternura, pero yo elegí hacer cosas de niños toda mi vida y, de ancianita, si llego a vivir muchos años, ¡seguramente seré imparable! Y el ridículo será mi pasaporte a la diversión.

Me gusta abrazar a mis pacientes, siento que su armadura adulta me cuenta qué los trae a mí, porque en realidad, el niño o niña está pidiéndome un upa o un sana sana para sus dolores del alma. Y digo abrazar, porque jamás un problema es chico, para ellos es un mundo, y muchas veces lo es, y luego profundizando más en cada sesión, logran la objetividad y pueden salir del lugar del sufrimiento para tomar decisiones de adulto que cuida a su niño interno respecto de su vida.

Mi visión del niño interior no es un recuerdo lejano, es mi vida misma; esa que me lleva a hacer cosas graciosas, a pedir un mimo en un upa, a jugar y divertirme como loca, así sea con una bolita de papel en la mesa, y hasta a hacer alguna travesura, sin molestar a nadie.

Y cada vez que siento algún dolor, una tristeza, una decepción, no es mi lado adulto el que sufre, es mi niña interior que no entiende de maldad, de abandono, de maltratos; porque como niños realmente vemos la vida tal cual es, simple, todo es oportunidades para superarse, para divertirse, para mejorar, solidaridad, amor incondicional.

Les deseo que vivan muchos días como niños, permitiendo dar una vuelta más de tuerca a este mecanismo adulto complicado llamado *vida*.

A pesar de todo lo que hice (o no hice), me enfermé. Y ahora, ¿qué?

La enfermedad solo llega para decirte
que el camino de vida que llevas necesita un cambio.

Desde que tuve conciencia de que la enfermedad existía, hacía sufrir a las personas y hasta por ella podía morir, tuve claro que esa no era mi elección como final.

Entonces, cuando toda la revolución de conocerse a uno mismo y trabajar los pensamientos e incluir las afirmaciones a mi vida aparece, allá por los 90, ¡ahí estaba yo! Hacía cuanto curso había, devoraba todos los libros que me recomendaban, asistía a seminarios y trabajaba la sanación en mí y en los demás.

Ingenuamente creía que me estaba «vacunando» contra cualquier enfermedad, principalmente, el cáncer, que ya se presentaba en amigas queridas que luchaban para ganar la batalla, pero eso no sucedía.

En mi consultorio trabajé arduamente acompañando a pacientes con diferentes patologías, entre ellas el cáncer, entre otras; y a lo largo de los años, perdí a mi madre, la mujer más fuerte que conocí y conoceré jamás, en su gran lucha con un cáncer de páncreas, sin haber dejado un solo día de acompañarla en su camino y mostrándole todo lo que sucedía alrededor de semejante batalla. Yo también era testigo y aprendiz; imaginen cuánta información, cuánto sentimiento a semejante experiencia.

Supe ese día y decreté que no moriría de cáncer, y menos de páncreas, que no daría ese dolor a mi familia, que no estaba dispuesta a sufrir así. Así que continué trabajando en mi día a día, y aunque la vida me azotó por otros lados, con tristezas muy grandes, mi ingenuidad me mantenía firme en mi creencia de no perder la salud jamás. Una vez escuché una frase que decía: «No hace un cáncer quien quiere, sino quien puede», pues, mis queridos lectores, ¡yo pude!

En el año 2019, en un control ecográfico de rutina, un tumor en una mama no tenía buen aspecto. Al instante supe que era maligno, mi intuición me lo dijo, esas cosas se saben de antemano, pero el protocolo médico me llevó a una punción y al doloroso y *shockeante* resultado: cáncer de mama.

La noticia me la dio mi valiente amiga y terapeuta Gaby, que fue a quien le di el sobre con el resultado varios días antes, y quien leyó, lloró y procesó toda esa información, protegiéndome a mí hasta el gran día de la noticia. Ese día, acompañada de mi otra amiga, la Negra, luego de almorzar en un hermoso restorán junto al lago de mi amada Villa Carlos Paz, con su tono suave y años de trabajo personal y de acompañamiento, y una fortaleza que aún hoy no me perdono haberle hecho tener, me miró y me dijo: «Amiga, tengo que darte una mala noticia: los resultados no son buenos».

Me quedé congelada, el mundo se detuvo en seco; sé que nadie se toma a bien un diagnóstico así, pero mi cabeza giró y giró sin parar, y una voz me repetía: «Esto no es verdad, ¡no me está pasando a mí! ¡Es imposible, es un error!».

Hacía más de 30 años que trabajaba diariamente emocional y físicamente para no enfermarme, y acompañé a pacientes que se recuperaron y a otros que, lamentablemente, no.

Yo, que durante años cuidé lo que pensé, lo que sentí, lo que comí, lo que afirmaba. Yo, que entendí que si uno seguía todas estas reglas de autocuidado físico y emocional, la vida sería salud.

Acá hare un paréntesis, porque esto solo lo vi cuando me enfermé. Si bien todo lo que he comentado respecto de mi trabajo personal es verdad, omití algunos pequeños detalles que pasé por alto y que son muy importantes también para mantener la salud. El primero es que mi vida entera la dediqué a dar a los demás de forma desmedida, y yo siempre me puse al final de la lista, sin darme cuenta, por supuesto, anteponiendo las necesidades de los demás sobre las mías y hasta sobre mi propio agotamiento de seguir sosteniéndolos.

Muchas veces acarreamos la creencia de que el servilismo, la continua dedicación a los demás, el dar, dar y dar es lo que debemos hacer; que tratar a los demás mejor que a uno mismo es lo correcto, es de buena persona. A algunos nos educan para ello, nos hacen creer que seremos mejores personas así; por eso, cuando dejamos de sostener a alguien, lo más seguro es que pasemos de categoría de buena gente a la peor del mundo. Pues bien, esta era una de las primeras grandes verdades que se desmoronaban frente a mi incrédula mirada. Esto no lo había hecho bien o, al menos, no había sido bueno para mí.

Otro detalle que no vi en su momento fue que, sin ánimo de victimizarme, es verdad que la vida me arrebató muchas cosas a lo largo de los años. Solía decir que tenía a más personas ausentes que presentes, que recordaba más momentos llorando amargamente que feliz, que podría escribir un libro y nadie creería que todo lo que allí contara me pasó de verdad —jamás escribiré ese libro, tranquilos; no aspiro a compartir esa parte de mi vida, al menos no desde el drama—, pero así y todo siempre pude poner «el pecho a la vida». Qué irónico, ¿verdad? El pecho a la vida…

Bueno, un día mi alma sufrió otro embiste de la vida, de esos que sentís que ya no podrás levantarte nunca más, y mi profunda tristeza y yo nos levantamos una vez más, pero me descubrí muchas veces pensando: «¿Y si me enfermara? Tal vez las personas que tanto daño me hacen se compadecerían de mí y me dejarían vivir en paz», y también pensé: «¿Y si me muero de una vez y así no sufro semejante dolor en mi alma?».

Con estas dos opciones ya se pueden hacer una idea de que mi cuerpo se rindió ante el dolor de esta alma atormentada. Mi mente no ayudó a pesar de todo, porque si bien, por un lado, pensaba en enfermarme, por el otro, borraba esa idea y hasta me enojaba por pensar semejante locura.

Pero no se asusten ni crean que rendirse es sinónimo de *enfermarse* o *morir.* Hay algo que se llama *destino,* el que en algún lugar parece estar escrito, solo que no accedemos más que a los capítulos a medida que van sucediendo.

Acepté, con una enorme fortaleza, la idea de que habiendo pasado tantos momentos acompañando a enfermos, la vida quiso un día que estuviese del otro lado para entender aún más el proceso de perder la salud y todo lo que ello conlleva para el crecimiento personal, ese que vi siempre desde afuera.

Y un último detalle, pero no menos importante, es que pude descubrir en esta etapa la omnipotencia de creer que a mí no me iba a pasar. Por eso, cuando empecé este libro les dije que descreyeran todo en lo que creían, que no hay una verdad única, que nadie puede decir «tengo la receta», que lo que hoy piensan, mañana caduca.

Yo no soy quién para decirle a nadie cómo tienen que vivir la vida; solo puedo acompañar en procesos propios y de los demás, y si en el medio, la vida nos sorprende restándonos salud, será el comienzo de un viaje de exploración y autoconocimiento nuevo y distinto del que ya pudimos haber comenzado.

Entendamos que todo lo que creemos saber se esfuma ante un diagnóstico que asuste, pero que no somos solo un diagnóstico. Detrás de un diagnóstico hay una fila de ángeles que se acomodarán para presentarse ante nosotros, disfrazados de amigos, enfermeras, médicos, gente que pasa por lo mismo, voluntarios, familia, mascotas y un sinfín de seres que sí podemos verlos más allá de nuestra desesperación harán nuestro camino más fácil.

Mi familia lo fue todo, los abrazos, la fe, llorar juntos, decirme que aún estaba linda a pesar de perder mi cabello, mantener el humor, mis amigos, mis vecinos… Todo sumó en amor.

Una vez realizado el proceso de curación médica y el de sanación de nuestro cuerpo, alma y mente, tocará la revisión de nuestras notas de vida, y allí descubriremos qué pudimos haber hecho que nos llevó a ese lugar, y lo primero que debemos hacer es perdonarnos y agradecer a nuestro cuerpo haberse sacrificado para que nosotros podamos hacer semejante aprendizaje.

Y lo que luego deberemos hacer son los ajustes necesarios en nuestras vidas y elecciones de vida para no volver al mismo lugar que nos llevó a perder la salud.

Está en mi corazón la necesidad de escribir otro libro que hable de mis procesos ante la pérdida de mi salud, de cómo se puede vivir un proceso de tratamientos más humanizado, de qué elecciones son buenas para nosotros y nadie nos las da, y dependerá de nosotros obtenerlas y otorgárnoslas; los aprendizajes y todo ese enorme camino que se abrió ante mí, lo cual, será un proyecto a corto plazo, de esos que debemos tener para sentirnos vivos y conectados a la vida, de los que hablábamos en los capítulos anteriores.

Mi inspiración será solo mi historia, pero la motivación será llegar a los corazones de quienes estén atravesando por algo similar, ayudar a las familias y personas cercanas a acompañarlos, para tender una mano segura y ayudar a crear un ambiente menos hostil en momentos de tanta incertidumbre, como lo han hecho mi oncólogo Claudio y mi enfermera Patricia; hoy ambos amigos y testigos de cada hecho en mi vida, y el equipo de radioterapia que tan amorosamente me ha cuidado.

No hay garantías, no hay recetas, no hay una ciencia que explique por qué nos enfermamos, pero seguramente todos coincidimos en que, una vez que esto sucede, amerita tal revisión de nuestras elecciones que nos lleven a veces hasta un cambio drástico y radical de lo que venimos eligiendo o priorizando.

La vida es tan maravillosa que hasta nos da segundas oportunidades aun en la enfermedad, porque, aunque no lográramos superar la batalla y perdiéramos la vida en ello, la información y el legado que podemos dejar a quienes nos rodean es lo que nos hace eternos y nos perpetua en el tiempo.

Porque a través de la vida de quienes pudieron entender y poner en práctica lo que tuvimos para compartirles antes de partir de este plano, sella nuestra misión en la tierra, dejamos nuestro legado, plantamos una semilla, aunque no la veamos crecer. Nos veremos todos al final del arcoíris, inevitablemente. Algunos se adelantarán y otros llegaremos más tarde, pero la vida no termina jamás.

La vida trasciende la vida misma, la vida es lo que vamos dejando en la vida del otro y así de manera infinita. Yo me siento inmortal, porque he sido madre, hermana, amiga, terapeuta, esposa y mil cosas más. Porque una parte de mí está en cada uno de ustedes, al leerme, al citarme, al pensarme, al refutar mis ideas, al recordarme con una sonrisa, al llorar con alguna historia. Yo soy parte de cada uno porque todos formamos parte de un todo. Porque todos somos uno.

Por muchos aprendizajes y experiencias de vida, por muchos libros que nos unan y nos espejen, por muchos años más para todos. ¡Gracias!

Índice

Sobre la autora

Nacida en Buenos Aires (Argentina) el 9 de octubre de 1969, ya desde pequeña Silvina A. Massia mostró una gran sensibilidad e interés por todo lo que sucedía en su vida y a su alrededor, por lo que se formó en diferentes áreas hasta dedicarse a trabajar como terapeuta física y holística con el objetivo de ayudar a los demás, tanto a las personas como a los animales.

Posee formación en medicina floral, técnicas de biorrecodificación, reflexología, inteligencia emocional y es Reiki Master. Apasionada por los animales, principalmente por los caballos, perros y gatos, suma formaciones de comunicación animal y equinoterapia, entre otras.

Actualmente emprende un camino como escritora para transmitir todo lo aprendido con el fin de continuar ayudando a mejorar la calidad de vida de todo aquel dispuesto a trabajar con amor en sí mismo.